Steuerpolitik in 60 Minuten

Hermann Adam

Steuerpolitik
in 60 Minuten

Prof. Dr. Hermann Adam
Fachbereich Politik- und
  Sozialwissenschaften
Freie Universität Berlin
Deutschland

ISBN 978-3-658-02613-4   ISBN 978-3-658-02614-1 (eBook)
DOI 10.1007/978-3-658-02614-1

Die Deutsche Nationalbibliothek verzeichnet diese Publikation in der Deutschen Nationalbibliografie; detaillierte bibliografische Daten sind im Internet über http://dnb.d-nb.de abrufbar.

Springer VS
© Springer Fachmedien Wiesbaden 2013
Das Werk einschließlich aller seiner Teile ist urheberrechtlich geschützt. Jede Verwertung, die nicht ausdrücklich vom Urheberrechtsgesetz zugelassen ist, bedarf der vorherigen Zustimmung des Verlags. Das gilt insbesondere für Vervielfältigungen, Bearbeitungen, Übersetzungen, Mikroverfilmungen und die Einspeicherung und Verarbeitung in elektronischen Systemen.

Die Wiedergabe von Gebrauchsnamen, Handelsnamen, Warenbezeichnungen usw. in diesem Werk berechtigt auch ohne besondere Kennzeichnung nicht zu der Annahme, dass solche Namen im Sinne der Warenzeichen- und Markenschutz-Gesetzgebung als frei zu betrachten wären und daher von jedermann benutzt werden dürften.

Lektorat: Verena Metzger, Katharina Gonsior

Gedruckt auf säurefreiem und chlorfrei gebleichtem Papier

Springer VS ist eine Marke von Springer DE.
Springer DE ist Teil der Fachverlagsgruppe Springer Science+Business Media.
www.springer-vs.de

Vorwort

Viele heben beide Hände, wenn sie das Wort »Steuern« hören. Sie sind froh, wenn sie ihre eigene Steuererklärung einigermaßen hinkriegen oder gar zu den Glücklichen gehören, die keine abgeben müssen.

Die Steuerpolitik ist einer der wichtigsten Politikbereiche überhaupt. Wichtig deshalb, weil Regierungen häufig über Fragen der Steuerpolitik auseinander brechen oder abgewählt werden. Denken wir nur an die Ablösung *Ludwig Erhards* als Bundeskanzler 1966 oder an den Sturz *Helmut Schmidts* 1982. Jeder, der sich für Politik interessiert, sollte deshalb über die wichtigsten steuerpolitischen Grundzusammenhänge Bescheid wissen. Schließlich kostet fast jedes politische Vorhaben Geld, das der Staat über Steuern aufbringen muss.

Steuerpolitik ist aber auch ausgesprochen kompliziert, weil die Materie aus einer Fülle von im Juristendeutsch geschriebenen und daher für den Laien schwer verständlichen Einzelregelungen besteht. Die meisten geben daher schnell bei dem Versuch auf, in das Gebiet einzudringen. Sie überlassen Steuerpolitik lieber »den Experten« und wechseln das Fernsehprogramm, wenn diese sich in einer Diskussionsrunde endlos streiten und mit Fachausdrücken und Zahlen um sich werfen.

Dieses Buch will den Leser nicht zum Steuerberater ausbilden. Es enthält auch keine Anleitung, wie man die diversen Steuerformulare ausfüllt, und will auch keine Tipps geben, wie man am besten Steuern spart. Vielmehr geht es darum zu vermitteln,

- welche Rolle Steuern in der Wirtschaft spielen,
- warum das Steuersystem so kompliziert ist,
- wie Steuern auf Verbraucher und Unternehmen wirken,
- welche Interessen hinter den steuerpolitischen Argumenten stecken, die von den Parteien und den Interessenverbänden gebraucht werden.

Das Buch setzt keine Vorkenntnisse voraus. Wer es komplett von vorne bis hinten durchliest, sollte am Ende steuerpolitische Diskussionen besser verfolgen und die einzelnen Positionen sachkundig einordnen können. Was bislang für ihn ein Buch mit sieben Siegeln war, wird dann für ihn verständlicher sein.

Berlin, im April 2013
Hermann Adam

Inhalt

Vorwort		5
Tabellenverzeichnis		11
Verzeichnis der Schaubilder		13
1	**Was sind Steuern und warum werden sie erhoben?**	**17**
2	**Welche Steuern gibt es?**	**31**
2.1	Die wichtigsten Steuern und ihr Aufkommen	32
2.2	Wie teilt man Steuern ein?	36
2.3	Steueraufkommen und Steuerquote seit 1950	39
2.4	Exkurs: Sozialabgaben und Sozialabgabenquote seit 1950	42
3	**Wer erhebt und bekommt die Steuern?**	**49**
3.1	Die Finanzverwaltung	49
3.2	Der Finanzausgleich	53
3.3	Die politische Bedeutung des Finanzausgleichs	64
4	**Was wird mit den Steuern gemacht?**	**71**
4.1	Das Budget des Staates: Der Haushaltsplan	72

4.2	Die Staatsausgaben	78
	4.2.1 Der Staat im volkswirtschaftlichen Geldkreislauf	78
	4.2.2 Die Ausgabenstruktur	82
	4.2.3 Die Staatsausgaben nach Aufgabenbereichen	89
4.3	Die Staatsquote	92
	4.3.1 Höhe und Entwicklung	92
	4.3.2 Zusammensetzung der Staatsquote	96
5	**Was soll mit den Steuern erreicht werden?**	**99**
5.1	Die unstrittigen Aufgaben des Staates	99
5.2	Die kontrovers diskutierten Aufgaben des Staates	102
	5.2.1 Grundsätzliches: Staatsaufgaben und Menschenbild	102
	5.2.2 Staatsaufgaben in Deutschland	106
6	**Wer zahlt die Steuern?**	**113**
6.1	Begriffliche Klärungen	114
6.2	Die Wirkung von Steuern	116
	6.2.1 Die Wahrnehmungsphase: Steuerausweichung	116
	6.2.2 Die Zahlungsphase: Steuerüberwälzung	118
	6.2.3 Die Inzidenzphase: Ansporn oder Lähmung	124
6.3	Die Steuerlastverteilung	126
	6.3.1 Einkommensteuer	126
	6.3.2 Umsatzsteuer	129
	6.3.3 Gesamtabgaben	134
7	**Brauchen wir höhere oder niedrigere Steuern?**	**139**
7.1	Die politische Kontroverse: Einkommensteuer	140
	7.1.1 Durch Steuersenkung zu mehr Wachstum und Wohlstand?	141
	7.1.2 Durch Steuererhöhung zu mehr sozialer Gerechtigkeit?	152
	7.1.3 Ein »einfacheres« Steuersystem?	159
	7.1.4 Fazit	165

7.2	Die politische Kontroverse: Unternehmens- und Kapitaleinkommensbesteuerung	169
	7.2.1 Steuerpolitische Grundkonzeptionen	170
	7.2.2 Wirkungen des internationalen Steuerwettbewerbs auf die deutsche Steuerpolitik	175
7.3	Die Steuerstruktur in Deutschland	183
8	**Steuerpolitik – ein ewiger Zankapfel**	**191**
8.1	Kann es ein gerechtes Steuersystem geben?	191
8.2	Die ökonomischen und politischen Machtinteressen in der Steuerpolitik	195
8.3	Wer regiert in der Steuerpolitik?	197
Quellenverzeichnis		201
Namens- und Sachregister		205

Tabellenverzeichnis

Tabelle 1	Kostendeckungsgrade kommunaler Gebührenhaushalte in der Bundesrepublik Deutschland 2005	26
Tabelle 2	Die wichtigsten Steuern 2012	32
Tabelle 3	Die sechs aufkommensstärksten Steuern in der Bundesrepublik Deutschland	33
Tabelle 4	Steuern nach dem Gegenstand der Besteuerung	37
Tabelle 5	Kassenmäßige Steuereinnahmen Bundes-, Länder- und Gemeindesteuern sowie Gemeinschaftssteuern vor dem Finanzausgleich 2012	54
Tabelle 6	Gemeinschaftssteuern	55
Tabelle 7	Aufteilung der Gemeinschaftssteuern auf Bund, Länder und Gemeinden 2012	60
Tabelle 8	Mehrheitsverhältnis im Bundestag und Bundesrat September 1949 bis Dezember 2012	68
Tabelle 9	Ausgaben des Staates	83
Tabelle 10	Ausgaben des Staates Bund, Länder, Gemeinden, Sozialversicherung	85
Tabelle 11	Menschenbild, Staatsaufgaben und Steuern	105

Tabelle 12 Überwälzung der Umsatzsteuer: Modellhafte
Darstellung am Beispiel eines Kinos 119
Tabelle 13 Haavelmo-Effekt bei niedrigem
und hohem Einkommen 156

Verzeichnis der Schaubilder

Schaubild 1	Merkmale von Gütern und Dienstleistungen	21
Schaubild 2	Staatseinnahmen	24
Schaubild 3	Struktur der Staatseinnahmen 2011	28
Schaubild 4	Steueraufkommen in Deutschland Bund, Länder und Gemeinden	39
Schaubild 5	Die Steuerquote in Deutschland	41
Schaubild 6	Beitragssätze in der Sozialversicherung 1957 und 2012	44
Schaubild 7	Beitragssätze zur Sozialversicherung: Renten-, Kranken-, Arbeitslosen- und Pflegeversicherung 1957 bis 2012	45
Schaubild 8	Sozialabgaben: Einnahmen aus Renten-, Kranken-, Arbeitslosen- und Pflegeversicherungsbeiträgen 1950 bis 2012	46
Schaubild 9	Sozialabgabenquote: Anteil der Einnahmen aus Sozialversicherungsbeiträgen am Bruttoinlandsprodukt	47
Schaubild 10	Die Bundesfinanzverwaltung im engeren Sinn	51
Schaubild 11	Einnahmen aus Bundes-, Länder- und Gemeindesteuern 1950 bis 2012	57

Schaubild 12	Bruttoinlandsprodukt der Bundesländer je Einwohner	61
Schaubild 13	Die Rolle des Staates im Geldkreislauf – Vier-Sektoren-Modell (ohne Wirtschaftsbeziehungen mit dem Ausland)	79
Schaubild 14	Staatsausgaben in volkswirtschaftlicher Systematik	87
Schaubild 15	Ausgabenstruktur des Bundeshaushalts 2012	89
Schaubild 16	Entwicklung der Staatsausgaben: Bund, Länder, Gemeinden, Sozialversicherung 1950–2012	93
Schaubild 17	Entwicklung der Staatsquote in Deutschland	94
Schaubild 18	Staatsquoten im internationalen Vergleich	95
Schaubild 19	Die Staatsquote: Anteil der Ausgaben der Gebietskörperschaften und der Sozialversicherung am BIP	97
Schaubild 20	Steuerwirkungen	117
Schaubild 21	Verteilung der Einkommensteuerlast 2008	127
Schaubild 22	Finanzierungsanteil der Haushalte am Umsatzsteueraufkommen 2008	131
Schaubild 23	Belastung der Haushalte mit indirekten Steuern: Indirekte Steuern in Prozent des monatlichen Haushaltsbruttoeinkommens	133
Schaubild 24	Finanzierungsanteil der Haushalte an Steuern und Sozialversicherungsbeiträgen 2008	135
Schaubild 25	Finanzierungsanteil der Haushalte an den gesamten Abgaben (2008)	136
Schaubild 26	Entwicklung des Einkommensteuer-Spitzensatzes 1958 bis 2010	142
Schaubild 27	Laffer-Kurve	145
Schaubild 28	Einkommensungleichheit in Deutschland 2000 bis 2010	151

Schaubild 29 Reale Haushaltsnettoeinkommen
in OECD-Ländern: Jahresdurchschnittliche
Veränderung in Prozent Mitte
der 1980er Jahre bis Ende der 2000er Jahre 152
Schaubild 30 Sparquote der privaten Haushalte
nach Einkommensdezilen 2011 154
Schaubild 31 Verteilungswirkungen des Kirchhof-Modells 163
Schaubild 32 Entwicklung des nominalen
Körperschaftsteuersatzes 174
Schaubild 33 Trends in der Einkommens- und
Unternehmensbesteuerung 177
Schaubild 34 Entwicklung des Körperschaftsteuer-
aufkommens 1970–2010 179
Schaubild 35 Einnahmen aus der Körperschaftsteuer 180
Schaubild 36 Steueraufkommen nach Steuergruppen
1950–2010 184
Schaubild 37 Finanzierungsstruktur moderner
Industriegesellschaften 2010 186
Schaubild 38 Unternehmensteuern im internationalen
Vergleich: Anteil der Unternehmensteuern
am Bruttoinlandsprodukt in Prozent 2010 188
Schaubild 39 Zielkonflikte in der Steuerpolitik 196

1 Was sind Steuern und warum werden sie erhoben?

Im täglichen Leben begegnen wir ständig den Steuern. Sei es, dass wir als Arbeitnehmer von unserem Gehalt etwas abgezogen bekommen und ein geringerer Betrag auf unser Konto überwiesen wird, als wir im Arbeitsvertrag mit unserem Arbeitgeber vereinbart haben. Oder sei es, dass wir an den meisten Tanksäulen durch Aufkleber deutlich darauf hingewiesen werden, wie viel des Preises pro Liter Benzin die Tankstelle an Steuern abführen muss.

Welchen Sinn haben Steuern? Braucht man sie eigentlich? Warum müssen wir Steuern zahlen, wenn wir Geld verdienen oder tanken? Um diese Fragen zu beantworten, müssen wir uns klar machen, was Steuern eigentlich sind und warum Gesellschaften auf sie nicht verzichten können.

Robinson Crusoe, der sich als Schiffbrüchiger auf eine einsame Insel retten kann, völlig auf sich allein gestellt ist und sich selbst versorgt, braucht natürlich keine Steuern zu bezahlen. Sobald jedoch mehrere Menschen zusammen sind und damit beginnen, ihr Leben gemeinsam zu organisieren, stellt sich die Frage: Wie soll's finanziert werden? So müssen fünf Freunde, die einen Wochenendausflug mit dem Auto planen, vorher klären: Wer bezahlt das Benzin, oder besser: Wie teilen wir die Benzinkosten auf? Oder 22 Herren, die gegeneinander Fußball spielen wollen. Die Trikots und die Hosen, die Stutzen und die Schuhe kann jeder individuell für sich beschaffen. Aber was ist mit dem Ball, dem Schieds- und den Linienrichtern sowie einem geeigneten Platz? Kurz: Wie organisieren und finanzieren die beiden Mannschaften diejenigen Produkte und Leistungen, die nicht einem einzelnen zurechenbar sind, sondern die alle irgendwie »nutzen« wie den Ball, den Platz, den Schieds- und die Linienrichter?

Ein anderes Beispiel: Eigentümer von Wohnungen in einem Mehrfamilienhaus müssen die Verwaltung der Anlage organisieren, beispielsweise die Wartung des Aufzugs, das Reinigen des Treppenhauses, die Pflege des Außenbereichs, den Abschluss einer Gebäudeversicherung. Auch hierbei handelt es sich um Dienstleistungen, die nicht allein einen einzelnen Wohneigentümer, sondern die gesamte Gemeinschaft der Wohneigentümer betreffen. Dazu müssen geeignete Unternehmen beauftragt und bezahlt werden. Ebenso muss das Geld von der Eigentümergemeinschaft nach einem zu vereinbarenden Verteilerschlüssel aufgebracht werden. Kurz: Menschen, die sich zu einer gemeinsamen Unternehmung zusammenfinden, müssen Leistungen, die allen Mitgliedern dieser Personengemeinschaft zugutekommen, organisieren und finanzieren.

Das gilt auch und erst recht, wenn die Zahl der Personen, die eine Gemeinschaft bilden, sehr groß ist: ein ganzes Dorf, eine Großstadt, ein Staat mit vielen Millionen Einwohnern und Staatengemeinschaften oder Staatenbündnisse. Die Bürger eines Dorfes benötigen ebenso wie die Bürger eines Landes mit 80 Millionen Einwohnern wie Deutschland einen gemeinsamen Topf mit Mitteln, aus denen die Güter und Dienstleistungen finanziert werden, die allen zugutekommen.

In unseren ersten beiden Beispielen, der Freundesclique, die einen Wochenendausflug unternimmt, und den beiden Fußballmannschaften, die einen Platz mit Schieds- und Linienrichter und einen Ball brauchen, handelt es sich um kleine, überschaubare Gruppen mit jeweils einem *gemeinsamen* Interesse. Hier dürfte es nicht allzu schwer fallen, sich auf eine Finanzierung des von allen gewollten »Projekts« zu verständigen und die nötigen Mittel zu beschaffen. Bei einer Wohneigentümergemeinschaft wird es schon komplizierter. Hier sind die Interessen in vielen Angelegenheiten nicht immer gleichgerichtet. Eigentümern, die im Erdgeschoss wohnen, ist beispielsweise weniger daran gelegen, dass der Aufzug stets betriebsbereit ist. Familien mit Kindern möchten, dass der Sandkasten immer sauber und die Spielgeräte sicher und funktionstüchtig sind. Und Bewohner mit Fahrrad möchten einen diebstahlsicheren Abstellraum.

So unterschiedlich wie die Interessenlagen bereits bei den Bewohnern eines Mehrfamilienhauses sind, so vielfältig und zum Teil entgegengesetzt sind sie in einem großen Gemeinwesen wie einem Dorf, einer Stadt oder einem Land. Bei gegensätzlichen Interessen und Wünschen wird es schwierig, Übereinkunft darüber zu erzielen, wie viel Geld jedes Gruppenmitglied für die Gemeinschaft beisteuern soll. Denn eine Gemeinschaft mit vielen Mitgliedern hat dann nicht nur *ein* Projekt wie etwa den Wochenendausflug, der finanziert werden soll, sondern viele Projekte, über deren Realisierung und Finanzierung sie sich einig werden muss.

Sobald unterschiedliche Auffassungen darüber herrschen, was in welcher Reihenfolge und mit welcher Dringlichkeit gemacht werden soll, gibt es insbesondere von denjenigen, die eigene und abweichende Vorstellungen haben, Widerstand, wenn sie zur Finanzierung Geld beisteuern sollen. Zwar brachten die Reichen im alten Griechenland noch freiwillig für das Gemeinwesen Opfer, wie der Altertumswissenschaftler und Staatsrechtler *Bernhard Laum* feststellte:

»Die Reichsten opfern ihr Vermögen für den Staat, indem sie öffentliche Ämter, deren Führung mit großen Ausgaben verbunden ist, bekleiden (...). Die zahlreichen Schenkungen und Stiftungen, die noch außerdem, vor allem in hellenistischer Zeit, von Bürgern für bestimmte öffentliche Zwecke (Kult, Kindererziehung u. a.) gemacht wurden, geben ein gleiches Zeugnis.« (Laum, 218)

So viel Bereitschaft, sich für das Gemeinwesen einzusetzen und dafür auch finanzielle Leistungen zu erbringen, findet man bei den Bürgern heutiger Staaten eher selten. Im Gegenteil: In Deutschland ist es geradezu zu einem Volkssport geworden, Steuern sparen zu wollen und ggf. dabei sogar zu tricksen. Mit dieser Einstellung, der unterschiedlichen Steuermoral in den Ländern und ihren politischen Folgen, werden wir uns an späterer Stelle des Buches noch befassen.

Ein weiterer Grund, weshalb häufig nur wenige Bürger freiwillig einen finanziellen Beitrag zur Finanzierung von Gemeinschaftsprojekten leisten, ist in den besonderen Merkmalen dieser Projekte zu sehen: Von ihrer Nutzung kann niemand ausgeschlossen werden, auch wenn er gar keinen Beitrag zur Finanzierung geleistet hat. Nehmen wir als Beispiel die Gemeinschaft der Wohneigentümer, die einen Winterräumdienst engagiert, um die Zugangswege zum Haus schnee- und eisfrei zu halten. Diejenigen, denen es nichts ausmacht, über Schnee und Eis zu gehen und die deshalb am liebsten keinen Räumdienst beauftragen würden (evtl. bestehende Vorschriften der Gemeinde lassen wir hier einmal außer Acht), profitieren, selbst wenn sie nicht dafür bezahlen. Oder nehmen wir in einem Staat die Polizei, die für die Einhaltung der Gesetze sorgt und dafür von den Bürgern bezahlt wird. Auch wer meint, die Polizei nicht in Anspruch nehmen zu müssen und deshalb zu ihrer Bezahlung nichts beitragen möchte, profitiert von ihrer Arbeit und des damit produzierten Gutes »öffentliche Sicherheit und Ordnung«.

Die Güter, von deren Nutzung niemand ausgeschlossen werden kann, weil man sie nicht individuell am Markt erwerben kann – kein Supermarkt bietet ein Kilo »Öffentliche

Schaubild 1 Merkmale von Gütern und Dienstleistungen

Private Güter	Kollektivgüter
• Ausschlussprinzip • Rivalität im Konsum	• Kein Ausschluss möglich (Kein Markt) • Nicht-Rivalität im Konsum

Mischgüter	Meritorische Güter
• Vom Staat allen Bürgern angebotene Güter • Rivalität im Konsum *Beispiel:* Autobahn → Maut für Lkw, oder: • Ausschlussprinzip • Nicht-Rivalität im Konsum *Beispiel:* Impfung	Vom Markt nicht oder sozial nicht aktzeptablen Preisen bereit gestellte, politisch gewollte Güter, z. B.: • Gesundheit • Bildung • Kultur • Transport

Sicherheit« an –, bezeichnet man als *öffentliche Güter* oder auch *Kollektivgüter* (siehe *Schaubild 1*). Ein weiteres Merkmal dieser Kollektivgüter ist ihre Nicht-Rivalität im Konsum: Luft z. B. ist im Überfluss vorhanden, und man braucht nicht mit anderen zu konkurrieren, um etwas davon abzubekommen. Und weil man Sicherheit im Inneren – »produziert« von der Polizei – und nach außen – »produziert« vom Militär – nicht in kleinen, individuellen Stücken kaufen kann, herrscht auch um diese Güter keine Konkurrenz. Die Folge ist allerdings ein weit verbreitetes *Trittbrettfahrerverhalten* der Menschen (der englische Fachausdruck dafür lautet: *free rider*). Man kann von der Arbeit des Roten Kreuzes profitieren, ohne dafür zu spenden oder einen Mitgliedsbeitrag dafür entrichten zu müssen. Die Gewerkschaften setzen höhere Löhne und bessere Arbeitsbedingungen durch, die auch Nicht-Gewerkschaftsmitgliedern zugutekommen. Ohne die Arbeit politischer Parteien würde Demokratie nicht funktionieren. Dennoch engagiert sich nur eine verschwindend kleine Minderheit in Parteien und unterstützt sie durch einen Mitgliedsbeitrag.

Wegen der Eigenart öffentlicher Güter (keine Möglichkeit, jemanden von ihrer Nutzung auszuschließen) und der Neigung der meisten Menschen zum Trittbrettfahrerverhalten führt kein Weg daran vorbei, zur Finanzierung von Gemeinschaftsgütern/öffentlichen Gütern Zwang auszuüben. Damit kommen wir zur klassischen, in der *Finanzwissenschaft* (= Zweig der Volkswirtschaftslehre, der sich mit der Ökonomie des öffentlichen Sektors, insbesondere der Staatstätigkeit und ihren Wirkungen auf die Wirtschaft befasst) gebräuchlichen Definition einer Steuer:

Die Steuer ist eine Zwangsabgabe ohne Anspruch auf Gegenleistung.
(Schmölders 1980, 64)

Zwang bedeutet: Der Staat kann nicht nur festlegen, was wie hoch besteuert wird, sondern er hat darüber hinaus notfalls auch das Recht, die Steuern mit Hilfe von Zwangsmaßnahmen einzutreiben. Ohne Anspruch auf Gegenleistung heißt wiederum: Der Steuerzahler kann nicht verlangen, dass ihm für seine Zahlungen eine ganz bestimmte, von ihm gewünschte staatliche Gegenleistung »über den Tisch gereicht wird«. Welche Steuern erhoben werden und was damit gemacht wird, entscheiden die in einem Staat dafür berufenen Organe. In Demokratien sind das die jeweiligen Parlamente.

Damit wird die politische Brisanz von Steuern deutlich. Einerseits werden die Bürger eines Landes gezwungen, Steuern zu zahlen. Andererseits profitieren sie aber auch von dem, was der Staat mit den Steuern macht. Bei diesem Sachverhalt ist es nur allzu menschlich, wenn viele nach dem Grundsatz verfahren: So viel wie möglich von den staatlichen Leistungen »mitnehmen«, aber so wenig wie möglich dafür in Form von Steuern bezahlen. Wir kommen auf diese Problematik an späterer Stelle noch ausführlich zurück.

Die politische Konfliktträchtigkeit von Steuern wird zudem noch dadurch verschärft, dass es neben rein privaten und rein kollektiven Gütern auch noch Mischgüter und sog. meritorische Güter gibt *(Schaubild 1)*. *Mischgüter* werden vom Staat allen angeboten, jedoch wird für ihre Nutzung vom Staat ein Preis bzw. eine Gebühr verlangt. Ein Beispiel ist die Lkw-Maut auf deutschen Autobahnen. Ihre Nutzung wird allen angeboten, aber nicht erzwungen. Wer die Maut nicht entrichten will, kann Landstraßen benutzen. Auch Impfungen werden im Regelfall allen Bürgern angeboten. Wenn eine ausreichende Zahl von Menschen dieses Angebot nutzen, genießen auch diejenigen Schutz vor Erkrankung, die sich nicht haben impfen lassen, weil die betreffende Krankheit gar nicht erst ausbricht.

Bei *meritorischen Gütern* (meritorisch = verdienstvoll, von Bedeutung sein) handelt es sich um »Produkte« oder »Dienstleistungen«, die für die Lebenslage der Menschen so wichtig sind, dass nach dem in einem Wohlfahrtsstaat geltenden Wertesystem niemand von ihrer Nutzung ausgeschlossen werden soll. So soll niemand von den nach den neuesten Erkenntnissen der Medizin gebotenen Gesundheitsleistungen ausgeschlossen werden und jedes Kind unabhängig von seinem familiären Hintergrund Zugang auch zu den höchsten Bildungsangeboten haben. Welche Maßnahmen dies gewährleisten, ist allerdings politisch wieder höchst umstritten, ebenso, inwieweit und in welcher Form der Staat in das Angebot etwa von Bildungs- und Gesundheitsleistungen eingreifen soll. Im einen Extremfall werden alle Angebote von Bildung und Gesundheitsleistungen »kostenlos« bereit gestellt, ggf. sogar vom Staat in eigener Regie »produziert« (staatliches Bildungs- und Gesundheitssystem) und über Steuern finanziert *(universeller Wohlfahrtsstaat)*. Im anderen Extremfall wird alles im Prinzip dem Marktmechanismus überlassen (privates Bildungs- und Gesundheitssystem). Wer dessen Leistungen in Anspruch nimmt, muss den sich ergebenden Marktpreis bezahlen (hohe Gebühren für Schulen und Universitäten, hohe Kosten für ärztliche Behandlungen). Allenfalls werden für sozial schwache Haushalte eine kostenlose Grundschule und eine Krankenversicherung eingerichtet, die Mindestleistun-

Schaubild 2 Staatseinnahmen

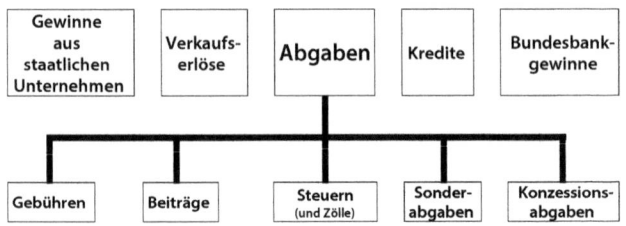

Quelle: Nach Bajohr, S., Grundriss Staatliche Finanzpolitik. Eine praktische Einführung, 2. aktualisierte Auflage, Wiesbaden 2007, S. 40.

gen auf niedrigem Niveau finanziert *(liberaler Wohlfahrtsstaat)*. Für den Leser ist sicher leicht einsehbar: Gerade die Frage des Umfangs meritorischer Güter und ihrer Finanzierung ist Gegenstand ständiger politischer Kontroversen.

Steuern sind zwar die wichtigste, aber nicht die einzige Einnahmequelle des Staates (siehe *Schaubild 2*). Obwohl sich dieses Buch fast ausschließlich mit Steuern und Steuerpolitik befasst, wollen wir auf die anderen staatlichen Einnahmen an dieser Stelle kurz eingehen, zumal Wechselwirkungen, insbesondere zwischen Steuern und Sozialabgaben bei der späteren Erörterung steuerpolitischer Fragen zu bedenken sind.

So wie wir alle in der einen oder anderen Form Steuern zahlen, ohne dafür auf eine ganz bestimmte staatliche Leistung Anspruch zu haben, so müssen wir alle für einige, ganz bestimmte staatliche Leistungen, wenn wir sie in Anspruch nehmen, *Gebühren* entrichten, z.B. für die Müllabfuhr, die Ausstellung eines Reisepasses oder die Nutzung einer staatlichen Kindertagesstätte. Die Höhe dieser Gebühren wird nicht zwischen Anbietern und Nachfragern ausgehandelt, sondern von den zuständigen staatlichen Stellen festgelegt und in einer Gebührenordnung veröffentlicht. Dahinter steckt folgende Idee: Wer eine ganz bestimmte und individuell zurechenbare staatliche Leistung in Anspruch nimmt, soll sich zumindest an den Kosten beteiligen. Die Gebühren decken in der Regel allerdings nur einen geringen Teil der Kosten für die Leistung ab, weil der Staat aus übergeordneten sozial- und gesellschaftspolitischen Erwägungen die Entgelte so niedrig ansetzt, dass jeder sich unverzichtbare Dinge wie etwa die Müllabfuhr auch leisten kann. Der Rest der Kosten muss durch staatliche Zuschüsse ausgeglichen werden, die wiederum aus Steuereinnahmen stammen. *Tabelle 1* zeigt, inwieweit einzelne kommunale Einrichtungen 2005 ihre Kosten mit Gebühren abgedeckt haben. Die Kostendeckungsgrade dürften bis heute im Wesentlichen unverändert geblieben sein.

Liegt bei den Gebühren eine Leistung des Staates vor, die ein Einzelner nachweisbar in Anspruch nimmt, so trifft das auf *Beiträge* – einer weiteren Einnahmequelle des Staates – nicht unbedingt zu. So müssen etwa Grundstückseigentümer für die Erschließung ihres Grundstücks, d. h. die Anbindung an die Strom-, Gas- und Wasserversorgung, an die Abwasserentsorgung sowie an das Straßennetz zwangsweise Beiträge entrichten, egal, ob und in welchem Umfang sie das Grundstück und damit die staatliche Versorgungsleistung nutzen.

Eine weitere Form von Staatseinnahmen sind *Sonderabgaben*. Hierbei handelt es sich um steuerähnliche Geldzahlungen an den Staat, die nur von ganz speziellen Steuerpflichtigen zu leisten sind und deren Verwendung – im Unterschied zu Steuern – zweckgebunden ist. So erheben viele Gemeinden in Urlaubsregionen von ihren ortsansässigen Selbständigen und Gewerbetreibenden eine sog. *Fremdenverkehrsabgabe*. Damit sollen die Kosten abgedeckt werden, die einer Gemeinde entstehen, wenn sie sie für Touristen attraktiv machen will (Werbemaßnahmen, Verschönerung des Ortsbildes, Durchführung von Veranstaltungen). Denn wenn viele ihren Urlaub in einer Gemeinde verbringen, profitieren fast alle ortsansässigen Freiberufler und Gewerbetreibenden. Aber auch die, die aus dem Fremdenverkehr keinen wirtschaftlichen Nutzen zie-

Tabelle 1 Kostendeckungsgrade[1] kommunaler Gebührenhaushalte in der Bundesrepublik Deutschland 2005

Einrichtungen	Kostendeckungsgrad (in %)
Abwasserbeseitigung	87,7
Abfallbeseitigung	92,1
Friedhöfe	71,2
Kindertagesstätten	11,9
Rettungsdienst	85,0
Straßenreinigung	69,6
Theater	11,6
Bäder	21,4
Volkshochschulen	34,7
Museen	6,8
Büchereien	6,8
Musikschulen	36,0

1 Anteil der Gebühren an den Ausgaben der entsprechenden Einrichtung

Quelle: Zimmermann, H., Kommunalfinanzen. Eine Einführung in die finanzwissenschaftliche Analyse der kommunalen Finanzwirtschaft, 2. überarbeitete Auflage, Berlin 2009, S. 132.

hen, müssen die Fremdenverkehrsabgabe zahlen. Die Touristen ihrerseits werden mit einer sog. *Kurtaxe* belastet, ein Entgelt, mit dem die Kosten für die Erhaltung der für die Urlauber geschaffenen Einrichtungen abgedeckt werden sollen – gleichgültig, ob sie im Einzelfall genutzt werden oder nicht. Weitere Beispiele für Sonderabgaben sind die Abwasserabgabe sowie Fischerei- und Jagdabgaben.

Schließlich sollen noch die *Konzessionsabgaben* erwähnt werden. Sie sind von Versorgungsunternehmen zu entrichten, wenn sie bei der Verlegung von Gas-, Wasser- oder Stromleitungen, die der Versorgung von Verbrauchern in einem Gebiet dienen, öffentliche Straßen, Wege und Plätze nutzen (Konzession = Erlaubnis, Zugeständnis).

Die verschiedenen Abgabearten ließen sich jeweils noch unterteilen. Darauf wollen wir jedoch hier verzichten. Der Leser sollte sich nur bewusst werden, dass der Staat außer den Steuern auch noch andere Einnahmequellen hat. Sie spielen aber – gemessen an den Gesamteinnahmen – nur eine unbedeutende Rolle.

Von den insgesamt 1155 Mrd. Euro, die der Staat – die Gebietskörperschaften Bund, Länder und Gemeinden sowie die Sozialversicherung – 2011 an Einnahmen erzielt hat, entfällt nur ein unbedeutender Anteil auf die sonstigen Einnahmen (11 %). Dazu gehören neben den Gebühren, Sonderabgaben und Konzessionsabgaben

- Gewinnabführungen von Unternehmen, die dem Staat ganz oder teilweise gehören, z. B. von der Bahn oder den Sparkassen
- Erlöse aus dem Verkauf von Vermögenswerten wie z. B. Grundstücken oder aus der Privatisierung staatlicher Unternehmen
- Gewinne der Bundesbank, die diese z. B. durch Zunahme oder Höherbewertung ihrer Gold- und Devisenbestände erzielt

- zusätzliche Kredite, die ebenfalls der Einnahmenseite zuzurechnen sind.

Schaubild 3 veranschaulicht: Der »Einnahmekuchen« des Staates besteht im Wesentlichen aus Steuern und Sozialabgaben.

In *Schaubild 2* steht unter Steuern noch in Klammern: und Zölle. *Zölle* sind Abgaben auf Waren, die in ein (Zoll)Gebiet eingeführt werden. In Deutschland ebenso wie in allen anderen EU-Ländern gibt es derartige Abgaben nur noch auf Waren, die aus Drittländern, d. h. aus Nicht-EU-Ländern, eingeführt werden. Von diesen Zolleinnahmen darf jedes EU-Land 25 % als Pauschalabgeltung für seine Erhebungskosten einbehalten, der Rest ist an den EU-Haushalt abzuführen (Europä-

Schaubild 3   Struktur der Staatseinnahmen[1] 2011

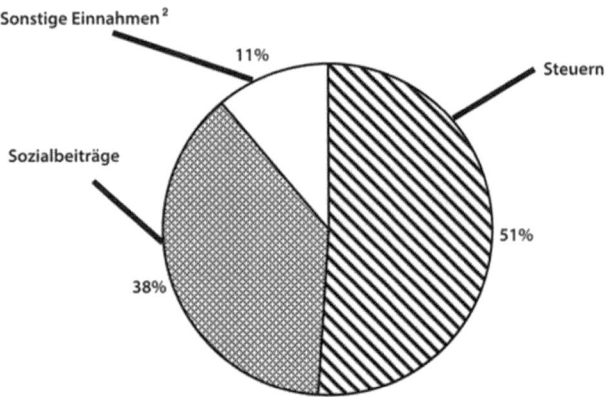

[1] Bund, Länder, Gemeinden, Sozialversicherung – [2] Verkäufe, empfangene sonstige Subventionen, empfangene Vermögenseinkommen, sonstige laufende Transfers und Vermögenseinkommen.

Quelle: Sachverständigenrat zur Begutachtung der gesamtwirtschaftlichen Entwicklung, Jahresgutachten 2012/13, Tabelle: Einnahmen und Ausgaben des Staates, der Gebietskörperschaften und der Sozialversicherung.

ische Kommission 2009, 263) und zur Finanzierung gemeinsamer EU-Aufgaben zu verwenden. 2010 wurden von den von der Bundeszollverwaltung erhobenen Zöllen für Wareneinfuhren aus Drittländern nach Deutschland 4,4 Mrd. Euro an den EU-Haushalt abgeführt (BMF 2011 a, 7).

Damit können wir zum nächsten Kapitel übergehen und uns mit den einzelnen Steuerarten beschäftigen.

2 Welche Steuern gibt es?

Die meisten wissen, dass es Steuern gibt, und können sogar einige benennen. Von manchen Steuern wiederum haben die meisten noch nie etwas gehört. Wer kennt schon beispielsweise die Kaffeesteuer oder die Feuerschutzsteuer?

In diesem Kapitel wollen wir die wichtigsten Steuern vorstellen und fragen, wie viel Geld sie in die Kasse des Staates bringen. Des Weiteren wird die Entwicklung des gesamten Steueraufkommens seit 1950 betrachtet.

Vorab noch eine grundsätzliche Bemerkung: In einem demokratischen Staat kann die Regierung nicht einfach Steuern erheben, wie sie möchte. Vielmehr muss das Parlament, also Bundestag und Bundesrat, ein Gesetz verabschieden, das regelt, was (= welcher Tatbestand) und in welcher Höhe besteuert wird. Wenn also jemand eine Steuer zahlen muss, dann hat das die gewählte Vertretung des Volkes vorher mit Mehrheit in einem Gesetz beschlossen.

2.1 Die wichtigsten Steuern und ihr Aufkommen

Tabelle 2 zeigt die sechs wichtigsten Steuern. Wichtig deshalb, weil sie das höchste Aufkommen erbringen.

Am meisten spülte die Mehrwertsteuer (Umsatzsteuer) in die Staatskassen. 2012 waren es 195 Mrd. Euro (33 %). Einen weiteren großen Brocken brachte die Einkommensteuer mit 186 Mrd. Euro (31 %) ein. An dritter Stelle folgte die Energiesteuer, sie trug mit 39 Mrd. Euro (7 %) zum Steueraufkommen bei. Schließlich wären noch die Tabaksteuer mit 14 Mrd. Euro (2,4 %) und die Versicherungsteuer mit 11 Mrd. Euro als bedeutende Einnahmequelle des Staates zu nennen. Insgesamt erbringen allein diese sechs Steuern mehr als drei Viertel der Steuereinnahmen. Einige kurze Erläuterungen zu den sechs aufkommensstärksten Steuern sind *Tabelle 3* zu entnehmen.

Tabelle 2 Die wichtigsten Steuern 2012

Steuer	Mrd. €	%
Mehrwertsteuer	194,6	32,7
Einkommensteuer	186,3	31,2
Energiesteuer	39,3	6,6
Tabaksteuer	14,1	2,4
Solidaritätszuschlag	13,6	2,3
Versicherungsteuer	11,1	1,9
Sonstige Steuern	136,8	22,9
Steuereinnahmen insgesamt	595,8	100,0

Quelle: BMF – I A 6 – Kassenmäßige Steuereinnahmen nach Steuerarten in den Kalenderjahren 2010–2012

Tabelle 3 Die sechs aufkommensstärksten Steuern in der Bundesrepublik Deutschland

Mehrwertsteuer	Die Mehrwertsteuer ist in ihrer wirtschaftlichen Wirkung eine allgemeine Verbrauchsteuer, mit der grundsätzlich der gesamte private und öffentliche Verbrauch (d. h. vom Endverbraucher erworbene Güter und in Anspruch genommene Dienstleistungen) belastet wird. Hierdurch unterscheidet sie sich von der Einkommensteuer bzw. Lohnsteuer, die auf die individuelle Leistungsfähigkeit des einzelnen Steuerpflichtigen Rücksicht nimmt. Eine Steuerkumulierung, d. h. die Erhebung der Steuer von der Steuer, ist grundsätzlich ausgeschlossen. Dies wird durch den Vorsteuerabzug erreicht. Er berechtigt den Unternehmer, von der Steuer, die er für seine Umsätze schuldet, die Umsatzsteuerbeträge (Vorsteuern) abzuziehen, die ihm andere Unternehmer für ihre an ihn ausgeführten steuerpflichtigen Umsätze offen in Rechnung gestellt haben.
Einkommensteuer	Gegenstand der Einkommensteuer ist das Einkommen von natürlichen Personen (Einzelpersonen und Mitunternehmer einer Personengesellschaft). Während bei der unbeschränkten Steuerpflicht das auf der gesamten Welt erzielte Einkommen der Besteuerung unterliegt, werden im Rahmen der beschränkten Steuerpflicht nur die inländischen Einkünfte im Sinne des § 49 Einkommensteuergesetz der Besteuerung zugrunde gelegt. Von bestimmten Einkünften wird die Einkommensteuer grundsätzlich durch Steuerabzug (z. B. Lohnsteuer, Abgeltungsteuer) erhoben. Der Einkommensteuer unterliegen Einkünfte, die einer der folgenden Einkunftsarten zuzuordnen sind: • Land- und Forstwirtschaft • Gewerbebetrieb • Selbstständige Arbeit • Nicht selbstständige Arbeit • Kapitalvermögen • Vermietung und Verpachtung • Sonstige in § 22 Einkommensteuergesetz genannte Einkünfte (z. B. Einkünfte aus einer Rente aus der gesetzlichen Rentenversicherung oder Einkünfte aus privaten Veräußerungsgeschäften)

Tabelle 3 Fortsetzung

Energie-steuer	Die Energiesteuer ist eine bundesgesetzlich geregelte Verbrauchsteuer. Im Prinzip wird nur der Verbrauch von Energieerzeugnissen (v. a. Mineralöle, Erdgas und Kohle) als Kraft- oder Heizstoff mit dieser Steuer belastet. Der übrige Verbrauch ist durch zahlreiche Steuerbefreiungen von einer Belastung ausgenommen. Um umweltfreundliche Energieträger und Verkehrsmittel zu fördern, sieht das Energiesteuergesetz darüber hinaus auch bei einem Verbrauch von Energieerzeugnissen als Kraft- oder Heizstoff eine Reihe von Ausnahmeregelungen vor. Zudem gibt es Vergünstigungen für die Wirtschaft, damit es nicht zu Wettbewerbsnachteilen gegenüber ausländischen Konkurrenten kommt.
Tabaksteuer	Die Tabaksteuer ist eine bundesgesetzlich geregelte Verbrauchsteuer. Der Tabaksteuer unterliegen Tabakwaren (Zigarren, Zigarillos, Zigaretten, Rauchtabak) und gleichgestellte Erzeugnisse, die ganz oder teilweise aus anderen Stoffen als Tabak bestehen. Zur Berechnung der Tabaksteuer werden nach dem Tabaksteuergesetz Angaben zu folgenden Bezugsgrößen benötigt: - die Menge in Stück (bei Zigaretten, Zigarren und Zigarillos) oder in Kilogramm (Rauchtabak) - der sogenannte Kleinverkaufspreis Der Kleinverkaufspreis ist der Preis, den der Hersteller oder Einführer als Einzelhandelspreis für Zigarren, Zigarillos und Zigaretten je Stück und für Rauchtabak je Kilogramm bestimmt. Häufig wird nur ein Packungspreis, der auf volle Euro und Cent lauten muss, bestimmt. Dann gilt als Kleinverkaufspreis der Preis, der sich aus dem Packungspreis und dem Packungsinhalt je Stück oder Kilogramm ergibt.

Die wichtigsten Steuern und ihr Aufkommen 35

Tabelle 3 Fortsetzung

Solidaritäts-zuschlag	Zur Finanzierung der Einheit Deutschlands wird mit Wirkung ab 1. Januar 1995 von allen Steuerpflichtigen ein Zuschlag zur Einkommen-, Lohn-, Kapitalertrag-, Abgeltung- (ab 1. Januar 2009) und Körperschaftsteuer erhoben. Gleiches gilt für die Abzugsteuer bei beschränkt Steuerpflichtigen. Der Zuschlag belastet grundsätzlich alle Steuerzahler gleichmäßig entsprechend ihrer steuerlichen Leistungsfähigkeit. Er wird nur erhoben, wenn die Bemessungsgrundlage (gemindert um die Kinderfreibeträge) folgende Grenzen nicht überschreitet: • Einkommensteuer nach der Grundtabelle nicht mehr als 972 Euro • Einkommensteuer nach der Splittingtabelle nicht mehr als 1 944 Euro Werden diese Freigrenzen überschritten, wird der Solidaritätszuschlag nicht sofort in voller Höhe festgesetzt. Das Gesetz sieht einen gleitenden Übergang vor. Der Solidaritätszuschlag wird in Höhe von 5,5 Prozent der festgesetzten Einkommen- und Körperschaftsteuer (Bemessungsgrundlage) erhoben.
Versiche-rungsteuer	Der Versicherungsteuer, die zu den Verkehrsteuern gehört, unterliegt die Zahlung von Versicherungsentgelten (Prämien, Beiträge). Ob das Versicherungsverhältnis durch einen Vertrag oder auf sonstige Weise (z. B. durch Gesetz) zustande gekommen ist, spielt keine Rolle. Ausgenommen von der Versicherungsteuer sind aber u. a. alle gesetzlichen und privaten Lebens- und Krankenversicherungen sowie die gesetzliche Arbeitslosenversicherung.

Quelle: BMF, Steuern von A–Z, Ausgabe 2011 (Auszüge)

Bund, Länder und Gemeinden haben 2012 (ohne Zölle) insgesamt rund 600 Mrd. Euro an Steuern eingenommen. Ist das viel, zu viel oder wenig, vielleicht sogar zu wenig? Die Frage lässt sich jetzt noch nicht beantworten. Dazu müssen wir wissen,

- was der Staat mit seinen Steuereinnahmen macht
- ob die Ausgaben, die der Staat mit seinen Steuereinnahmen macht, wirklich nötig sind,
- wie hoch die Steuern in anderen Ländern sind.

Damit werden wir uns in den Kapiteln 4 und 7 dieses Buches befassen. Stellen wir die Frage, ob unsere Steuern zu hoch oder zu niedrig sind, also erstmal zurück. Wenden wir uns zunächst den Möglichkeiten zu, wie man die Vielzahl der Steuern systematisch einteilen kann.

2.2 Wie teilt man Steuern ein?

In der Finanzwissenschaft gibt es mehrere Ansätze zur Einteilung der Steuern. Der am häufigsten verwandte ist der nach dem Gegenstand der Besteuerung. Dabei werden

- Besitzsteuern
- Verkehrsteuern
- Verbrauchsteuern
- Zölle

unterschieden. Welche Steuern diesen großen Gruppen zuzuordnen sind, ist *Tabelle 4* zu entnehmen.

Eine andere, sehr bekannte Form der Einteilung ist die nach *direkten* und *indirekten* Steuern. Bei einer direkten Steuer ist derjenige, der die Steuer entrichtet, auch derjenige, der die

Tabelle 4 Steuern nach dem Gegenstand der Besteuerung

Besitzsteuern	Einkommen- und Kapitalertragsteuer
	Solidaritätszuschlag
	Körperschaftsteuer
	Gewerbeertragsteuer
	Erbschaftsteuer
	Grundsteuer
	Kirchensteuer
Verkehrsteuern	Umsatzsteuer (ohne Einfuhrumsatzsteuer)
	Grunderwerbsteuer
	Kraftfahrzeugsteuer
	Rennwett- und Lotteriesteuer
	Spielbankenabgabe
	Versicherungsteuer
	Feuerschutzsteuer
Verbrauchsteuern	Branntweinsteuer
	Biersteuer
	Schaumweinsteuer
	Zwischenerzeugnissteuer
	Energiesteuer
	Stromsteuer
	Tabaksteuer
	Kaffeesteuer
	Einfuhrumsatzsteuer
Zölle	

Quelle: Bajohr, S., Grundriss Staatliche Finanzpolitik. Eine praktische Einführung, 2. aktualisierte Auflage, Wiesbaden 2007, S. 32.

Steuer tatsächlich »trägt«. Bei einer indirekten Steuer fallen Steuer*zahler* und Steuer*träger* auseinander. Beispiel: Der Einzelhändler führt für seine verkauften Waren Umsatzsteuer ab, zahlt also formal diese Steuer. Er hat sie aber auf den Preis seiner Waren aufgeschlagen, so dass es letztlich der Käufer ist, der die Steuerlast trägt.

Sinnvoll kann es auch sein, die Steuern danach zu unterscheiden, welcher staatlichen Ebene die Steuer zufließt. Dann trennt man nach

- Europäischen Steuern
- Gemeinschaftssteuern
- Bundessteuern
- Landessteuern
- Gemeindesteuern
- Kirchensteuern

Manche stellen auch die sog. *Subjektsteuern* (Personensteuern) den *Objektsteuern* (Realsteuern) gegenüber. Bei den Subjektsteuern handelt es sich um Steuern, die die wirtschaftliche Leistungsfähigkeit (arm oder reich) natürlicher oder juristischer Personen (juristische Person = Unternehmen mit eigener Rechtspersönlichkeit wie z. B. eine Aktiengesellschaft und eine GmbH) berücksichtigen, das sind etwa die Einkommensteuer oder die Erbschaftsteuer. Objektsteuern dagegen knüpfen an ein Objekt an, z. B. an den Besitz eines Grundstücks, ohne Rücksicht darauf, ob der betreffende Grundeigentümer ein hohes oder niedriges Einkommen hat.

Schon im vorherigen Unterabschnitt hatten wir erwähnt, dass der größte Teil des Steueraufkommens lediglich mit einer Handvoll Steuern erzielt wird. Das schließt nicht aus, dass es über die in *Tabelle 2* aufgezählten Steuern noch zahlreiche weitere Steuern, insbesondere auf Gemeindeebene, gibt (z. B. Hundesteuer). Es macht aber für den Zweck dieses Buches wenig Sinn, alle Steuern, auch die kleinste, aufzuzählen.

Da ihr Aufkommen vollkommen unbedeutend ist, nennt man diese Steuern auch *Bagatellsteuern*.

2.3 Steueraufkommen und Steuerquote seit 1950

Wenden wir uns jetzt einem interessanten Aspekt zu: Wie viel Steuern hat der Staat in der Vergangenheit eingenommen?

Schaubild 4 zeigt die Steuereinnahmen des Staates – Bund, Länder und Gemeinden – in Deutschland von 1950 bis 2012. Es fällt auf: die Steuereinnahmen sind kontinuierlich gestiegen: von 10,8 Mrd. Euro im Jahr 1950 (damaliges altes Bundesgebiet) auf rund 600 Mrd. Euro im Jahr 2012 (altes und neues Bundesgebiet). Eine Ausnahme bilden lediglich die Jahre 1996 und 1997 sowie 2001 und 2002, in denen im Zuge von Steuerreformen deutliche Steuersenkungen vorgenom-

Schaubild 4 Steueraufkommen in Deutschland[1] Bund, Länder und Gemeinden

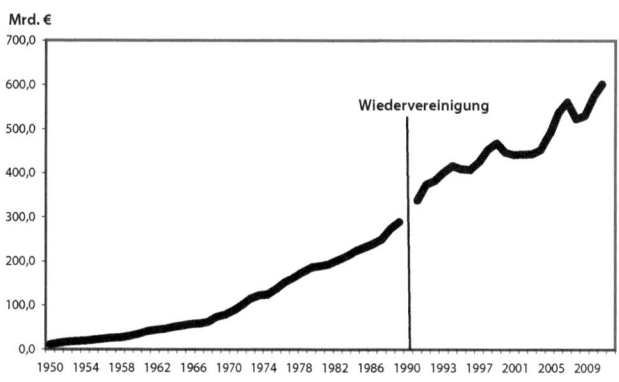

1 Von 1950 bis 1989 altes Bundesgebiet.
Quelle: BMF

men wurden und das Steueraufkommen gegenüber dem Vorjahr sank. 2009 verlor der Staat ebenfalls Steuereinnahmen, weil auch in Deutschland die Konjunktur aufgrund der weltweiten Finanzmarktkrise einbrach. Deshalb wurden in der Wirtschaft geringere Einkommen und Umsätze erzielt, was sich negativ auf das Steueraufkommen auswirkte.

Aus der absoluten Höhe der Steuereinnahmen allein kann man noch keine Schlüsse ziehen, ob die Steuern in Deutschland vergleichsweise hoch oder niedrig sind. Denn selbstverständlich hängen die Steuereinnahmen eines Staates von seiner Größe, seiner Wirtschaftskraft und der Zahl seiner Bürger ab. Deshalb verwendet man in der wirtschafts- und finanzpolitischen Diskussion eine aussagekräftigere Messgröße, die *Steuerquote*. Sie drückt aus, wie viel Prozent die Steuern an der wirtschaftlichen Gesamtleistung eines Landes, dem Bruttoinlandsprodukt, ausmachen.

Unter dem **Bruttoinlandsprodukt** versteht man den Wert aller Güter und Dienstleistungen, die in einem Jahr in einer Volkswirtschaft erwirtschaftet werden.

Schaubild 5 zeigt, wie sich die Steuerquote in Deutschland seit 1950 entwickelt hat. Ihr bisheriger Höchststand war 1980 mit 23,8 %, am niedrigsten war sie 2005 mit nur 21,4 %. Die Differenz zwischen höchstem und niedrigstem Wert ist nicht groß. Man kann deshalb sagen: Die Steuerquote Deutschlands war in den sechzig Jahren von 1950 bis 2010 relativ konstant und hat sich zwischen 21 und 24 % bewegt hat. Die leichten Anstiege bzw. Rückgänge hängen mit der Steuerpolitik zusammen, die die jeweilige Bundesregierung betrieben hat.

Manche mögen für ein bestimmtes Jahr schon mal geringfügig niedrigere Angaben zur Steuerquote gelesen haben, etwa für das Jahr 2005 den Wert 20,2 %, den bisherigen Tiefststand. Die unterschiedlichen Zahlen hängen damit zusammen, dass es für die Statistik der Steuereinnahmen

Schaubild 5   Die Steuerquote[1] in Deutschland

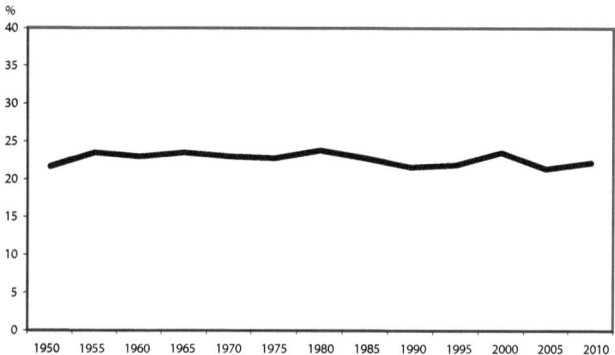

1 Anteil der Steuereinnahmen am Bruttoinlandsprodukt in Prozent.
Quelle: BMF

unterschiedliche Quellen gibt, einmal die Volkswirtschaftliche Gesamtrechnung des Statistischen Bundesamtes, die in Schaubild 4 zugrunde gelegt wird, dann die Finanzstatistik der Steuerbehörden. Ein wichtiger Unterschied beider Statistiken besteht darin, dass in der Volkswirtschaftlichen Gesamtrechnung die Steuereinnahmen der Periode zugerechnet werden, in der sie wirtschaftlich entstanden sind, also beispielsweise die Einkommensteuer, die die Bürger auf das von ihnen im Jahr 2010 erzielte Einkommen dem Staat schuldeten, wird auch tatsächlich dem Jahr 2010 zugerechnet. Eine andere Frage ist, wann sie die Steuern tatsächlich bezahlt haben. Das hängt u. a. davon ab, wann sie ihre Steuererklärung gemacht haben, wie schnell das Finanzamt die Erklärung bearbeitet und den Steuerbescheid verschickt hat. Das kann in manchen Fällen Monate und Jahre dauern, so dass das eigentliche Entstehungsjahr schon länger zurückliegt. Aus diesem Grund stimmen die Ergebnisse der Statistik der Volkswirtschaftlichen Gesamtrechnung und die Steuerstatistik (= Teil der Finanzstatistik), die die Steuer erst dann erfasst, wenn sie tatsächlich gezahlt wird (man spricht dann auch von der sog. Kassenwirksamkeit), nicht vollkommen überein.

Der Leser sollte sich von diesen statistischen Feinheiten jedoch nicht irritieren lassen. An der Grundaussage, dass die Steuerquote in der Langfristbetrachtung nur geringfügig schwankt – in der Abgrenzung der Finanzstatistik lag der niedrigste Wert 2004 bei 20,2 %, der höchste Wert 1980 bei 23,7 % – ändert sich nichts.

Die Wahrnehmung der Bevölkerung ist allerdings oft eine andere. Wer seine Gehaltsabrechnung studiert, erschrickt häufig darüber, wie wenig netto vom Bruttogehalt übrig bleibt. Das liegt aber nicht an den hohen Abzügen für Steuern! Das hängt vielmehr mit den im Laufe der Jahre gestiegenen Sozialabgaben zusammen.

Obwohl wir uns in diesem Buch eigentlich nur mit den Steuern befassen wollen, ist es sinnvoll, an dieser Stelle einen kurzen Exkurs zu machen und die Entwicklung der Sozialabgaben nachzuzeichnen. Dann kann der Leser sein persönliches Empfinden über die Abgabenbelastung mit den tatsächlichen wirtschaftlichen Daten besser in Einklang bringen.

2.4 Exkurs: Sozialabgaben und Sozialabgabenquote seit 1950

Als 1957 unter Bundeskanzler *Konrad Adenauer (CDU)* in der alten Bundesrepublik Deutschland die sog. dynamische Rente (= Rente, deren Entwicklung an die der Löhne und Gehälter gekoppelt ist) eingeführt wurde, betrug die Belastung der Arbeitnehmer mit Sozialabgaben insgesamt nur 23,8 %. Davon entfielen auf die Arbeiter und Angestellten

- 7,0 % Rentenversicherungsbeitrag
- 3,9 % Krankenversicherungsbeitrag

- 1,0 % Arbeitslosenversicherungsbeitrag

insgesamt also 11,9 %. Die andere Hälfte trugen die Arbeitgeber (= solidarisches Prinzip der Sozialversicherung).

Im Laufe der Jahre stiegen die Beitragssätze in allen Sparten der Sozialversicherung. 1995 kam noch eine vierte Säule, die Pflegeversicherung, hinzu, eingeführt von der CDU/FDP-Koalition unter Bundeskanzler *Helmut Kohl* (CDU). Mittlerweile (2011) belaufen sich die Beitragssätze der Arbeitnehmer für die

- Rentenversicherung auf   9,95 %
- Krankenversicherung auf   7,75 %
- Arbeitslosenversicherung auf 1,5 %
- Pflegeversicherung auf   0,975 %
- (Kinderlose zusätzlich 0,25 %)

insgesamt also auf 20,175 %. Ein gleich hoher Arbeitgeberbeitrag (mit Ausnahme des zusätzlichen Pflegeversicherungsbeitrags für Kinderlose) kommt noch hinzu. Die Beitragssätze haben sich somit seit 1957 annähernd verdoppelt *(Schaubild 6)*.

Für diese Erhöhung der Beiträge gibt es eine ganze Reihe von Gründen:

1. Die *demografische Entwicklung:* Weil seit den siebziger Jahren des vorigen Jahrhunderts weniger Kinder geboren wurden als früher, wird die Zahl der Erwerbstätigen, d. h. die Zahl derjenigen, die im Erwerbsleben stehen (z. B. 16- bis 65-Jährige) immer geringer. Gleichzeitig wächst die Zahl der Rentenbezieher (geburtenstarke Jahrgänge vor 1970). Da die Renten aus den Beiträgen der erwerbstätigen Arbeitnehmer und ihrer Arbeitgeber finanziert werden, müssen die Erwerbstätigen höhere Beiträge als frühere Generationen in die Rentenkasse einzahlen.

Schaubild 6 Beitragssätze in der Sozialversicherung 1957 und 2012

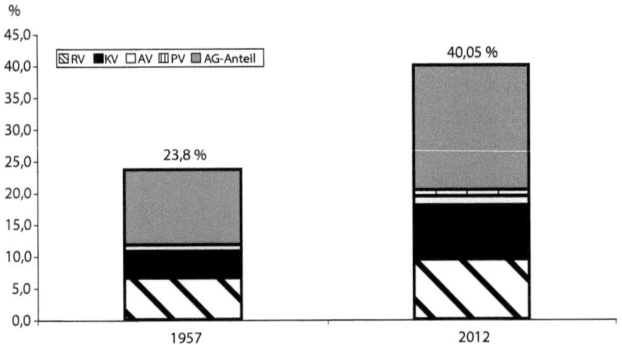

Quelle: Rentenversicherung in Zeitreihen 2012, S. 264.

2. Dank des *medizinischen Fortschritts* ist die Lebenserwartung in den letzten Jahrzehnten deutlich gestiegen. Die heutige und künftige Rentnergeneration wird deshalb länger Rente beziehen als frühere Generationen. Auch deshalb müssen von der aktiven, erwerbstätigen Arbeitnehmergeneration höhere Rentenversicherungsbeiträge aufgebracht werden, um die Renten dauerhaft finanzieren zu können.
3. Der medizinische Fortschritt wirkt sich auch auf die Krankenkassen aus. Erstens sind ärztliche Behandlungen wegen der eingesetzten modernen technischen Geräte und Verfahren teurer geworden. Zweitens erreichen die Menschen ein höheres Alter als früher und müssen dementsprechend länger versorgt werden. Um das finanzieren zu können, sind die Krankenkassenbeiträge in den letzten Jahrzehnten schrittweise deutlich erhöht worden.
4. Die *hohe Arbeitslosigkeit,* die seit Beginn der achtziger Jahre bestand, hat sowohl bei der Renten- als auch der Krankenversicherung zu enormen Einnahmeausfällen geführt.

Gleichzeitig waren von der Arbeitslosenversicherung erhöhte Unterstützungsleistungen für die Arbeitslosen aufzubringen. So erklären sich die gestiegenen Beiträge zur Arbeitslosenversicherung.

5. Da die Menschen immer älter, im hohen Alter aber auch pflegebedürftig werden, musste in den neunziger Jahren ein neuer Zweig der Sozialversicherung, die Pflegeversicherung, geschaffen werden, die einen Teil der Pflegeleistungen finanziert. Auch dadurch ist der Gesamtbeitragssatz zur Sozialversicherung gestiegen.

Schaubild 7 veranschaulicht, wie sich die Beitragssätze seit 1957 entwickelt haben. Der bisherige Spitzenwert wurde 1999 mit 42,1 % (Arbeitnehmer und Arbeitgeber zusammen) erreicht. Seitdem ist die Sozialabgabenbelastung nicht mehr ge-

Schaubild 7 Beitragssätze[1] zur Sozialversicherung[2]: Renten-, Kranken-, Arbeitslosen- und Pflegeversicherung[3] 1957 bis 2012

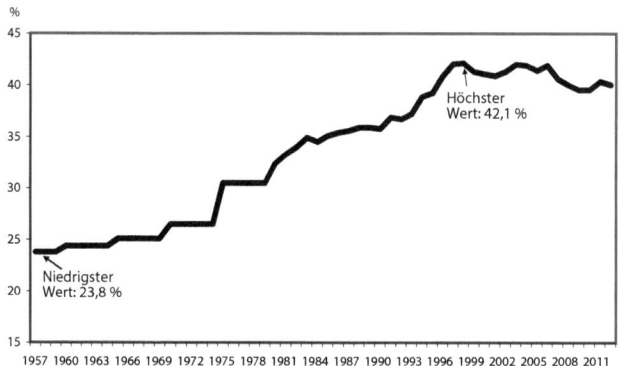

1 Arbeitgeber- und Arbeitnehmerbeitragssätze zusammen. – 2 Ab 1991 einschließlich neue Bundesländer. – 3 Ab 1995 einschl. Pflegeversicherung.
Quelle: Rentenversicherung in Zeitreihen 2012, S. 264.

Schaubild 8 Sozialabgaben: Einnahmen aus Renten-, Kranken-, Arbeitslosen- und Pflegeversicherungsbeiträgen 1950 bis 2012

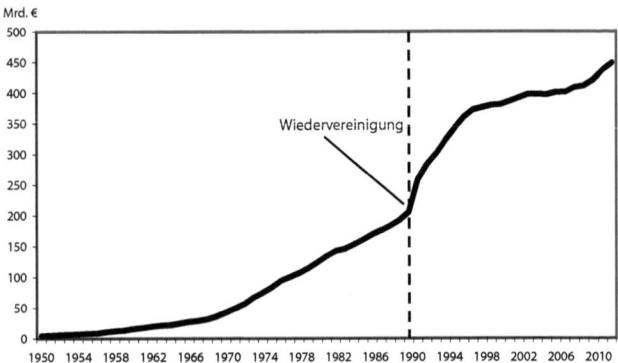

Quellen: Rentenversicherung in Zeitreihen 2011, S. 245. – Statistisches Bundesamt, Fachserie 18, Reihe 1.5, 2012, S. 41.

stiegen, aber auch nicht wesentlich gesunken. Sie verharrt auf dem hohen Niveau von über 40 %.

Schaubild 8 zeigt, wie sich das Aufkommen aus den Sozialabgaben seit 1950 entwickelt hat. 1950 waren es umgerechnet nur 4,3 Mrd. Euro, die von den Beitragszahlern in die Kassen der Renten-, Kranken- und Arbeitslosenversicherung flossen. 2012 waren es über 448 Mrd. Euro. Wie bei den Steuern sagen diese Zahlen allein nichts darüber aus, ob die Sozialabgabenbelastung gestiegen, gesunken oder gleich geblieben ist. Denn man muss berücksichtigen, dass in den mehr als 60 Jahren auch das Bruttoinlandsprodukt, aus dem die Sozialabgaben finanziert werden, um ein Vielfaches gewachsen ist.

Deshalb wird neben der Steuerquote auch die *Sozialabgabenquote* ermittelt. Sie gibt an, wie viel Prozent die gesamten Sozialabgaben am Bruttoinlandsprodukt ausmachen. Ihre Entwicklung wollen wir im *Schaubild 9* betrachten.

Schon auf den ersten Blick ist leicht erkennbar: Anders

Schaubild 9 Sozialabgabenquote: Anteil der Einnahmen aus Sozialversicherungsbeiträgen am Bruttoinlandsprodukt

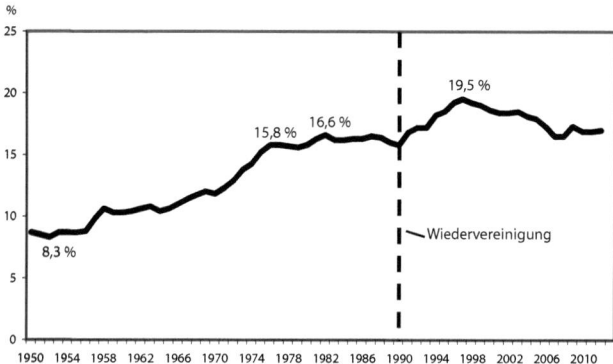

Quelle: Statistisches Bundesamt

als die im vorigen Unterabschnitt gezeigte Steuerquote hat die Sozialabgabenquote einen anderen Verlauf. Sie hatte 1950 einen Wert von 8,7 % und stieg nach 1957, dem Jahr der Einführung der dynamischen Rente, zunächst nur leicht auf über 10 % an. Bis 1970 legte sie noch mal um gut einen Prozentpunkt zu. In den siebziger Jahren erhöhte sie sich bis 1977 schließlich auf 15,8 %. Hierin spiegelt sich die expansive Sozialpolitik der sozial-liberalen Koalition aus SPD und FDP nach 1969 unter den SPD-Bundeskanzlern *Willy Brandt* (SPD) und *Helmut Schmidt* (SPD) wieder, die auch durch eine Erhöhung der Sozialabgaben finanziert werden musste. Nach 1977 folgten zunächst mehrere Jahre mit fast gleich bleibender Sozialabgabenquote. Als 1981/82 die zweite Ölkrise eine Rezession auslöste und die Arbeitslosenzahlen in die Höhe schnellten, stieg auch die Sozialabgabenquote auf 16,6 % – ein Reflex der notwendigen Mehrausgaben der Arbeitslosenversicherung. In den ersten acht Jahren der Regierung Helmut

Kohl (CDU) ging die Sozialabgabenquote nur geringfügig auf 16,0 % (1989) zurück.

Mit der Wiedervereinigung endete diese Phase. Die Soziallasten, die aus dem Zusammenbruch der DDR-Wirtschaft auf die deutsche Volkswirtschaft zukamen, wurden zum Teil durch höhere Sozialabgaben finanziert. So hatte die Sozialabgabenquote 1997, kurz vor Ende der Amtszeit *Helmut Kohls*, mit 19,5 % ihren bisherigen Höchststand in der Nachkriegszeit erreicht. Seitdem ist sie wieder leicht rückläufig: Die restriktive Sozialpolitik der Rot-Grünen Bundesregierung aus SPD und GRÜNEN unter Bundeskanzler *Gerhard Schröder (SPD)* führte zu einem Rückgang auf 17,9 % (2005). Dieser setzte sich unter der zweiten Großen Koalition unter Bundeskanzlerin *Angela Merkel* (CDU) noch bis 2007 (16,5 %) fort. Danach stieg sie – bedingt durch die im Zuge der Finanzmarktkrise notwendigen höheren Sozialausgaben – wieder geringfügig an. 2012 betrug die Sozialabgabenquote 17,0 % – sie war damit doppelt so hoch wie am Anfang der Bundesrepublik Deutschland.

Wir sehen, wie die Entwicklung der Sozialabgabenquote einerseits von externen Einflüssen – Ölkrise, Wiedervereinigung, Finanzmarktkrise – beeinflusst wird, andererseits von den sozialpolitischen Zielen, die die jeweilige Regierung verfolgt. Die bereits erwähnte demografische Entwicklung überlagert die externen Einflüsse und erklärt den langfristig steigenden Trend der Sozialabgabenquote.

Die hohe Belastung der Einkommen in der Bundesrepublik Deutschland, die insbesondere die Bezieher kleiner und mittlerer Einkommen spüren, hängt also nicht mit hohen Steuern zusammen. Denn die Steuerquote und damit die steuerliche Belastung haben sich seit den fünfziger Jahren kaum verändert. Wenn sehr wenig Netto vom Brutto bleibt, so liegt das an den hohen Sozialbeiträgen.

Damit können wir den »Ausflug« in die Sozialpolitik verlassen und wieder zur Steuerpolitik zurückkehren.

3 Wer erhebt und bekommt die Steuern?

Wer bekommt eigentlich das Geld, das den Bürgern an Steuern vom Gehalt abgezogen wird? Und wohin wandert die Mehrwertsteuer, wenn Sie beim Kauf einer Ware fällig wird? Die Antwort darauf weiß eigentlich jeder: Die Steuern bekommt das Finanzamt. Doch wie ist die Verwaltung der öffentlichen Finanzen in Deutschland organisiert? Diese Fragen wollen wir in diesem Kapitel behandeln.

3.1 Die Finanzverwaltung

In Deutschland gibt es rund 570 Finanzämter, die in den Städten und Landkreisen als Landesbehörden die Steuern erheben und festsetzen. Ihnen übergeordnet sind die Länderfinanzministerien bzw. in den Stadtstaaten Berlin, Bremen und Hamburg die Finanzsenatoren. Sie bilden zusammen mit dem Bundesfinanzminister die obersten Finanzbehörden. In manchen, aber nicht in allen Bundesländern sind zwischen Finanzämtern und Landesfinanzministerium noch Mittelbehörden dazwischen geschaltet, und zwar

- in Bayern das Bayerische Landesamt für Steuern
- in Baden-Württemberg die Oberfinanzdirektion Karlsruhe
- in Hessen die Oberfinanzdirektion Frankfurt/Main
- in Niedersachsen die Oberfinanzdirektion Niedersachsen
- in Nordrhein-Westfalen die Oberfinanzdirektionen Rheinland (Köln) und Münster
- in Rheinland-Pfalz die Oberfinanzdirektion Koblenz
- im Saarland das Landesamt für zentrale Dienste
- in Sachsen das Landesamt für Steuern und Finanzen
- in Sachsen-Anhalt die Oberfinanzdirektion Magdeburg
- in Thüringen die Thüringer Landesfinanzdirektion.

Aus diesem organisatorischen Aufbau ist bereits zu ersehen: Das Erheben und Eintreiben der Steuern ist grundsätzlich Sache der 16 Bundesländer. Das entspricht Art. 83 Grundgesetz (GG). Danach ist es Aufgabe der Bundesländer, auch Bundesgesetze grundsätzlich als eigene Angelegenheit auszuführen. Demzufolge werden auch Steuern, die teilweise dem Bund zufließen, von den Ländern über die ihnen unterstehenden Finanzämter eingetrieben. Eine Ausnahme bilden

- Zölle
- Finanzmonopole (siehe Kasten)
- bundesgesetzlich geregelte Verbrauchsteuern einschließlich Einfuhrumsatzsteuer
- die Kraftfahrzeugsteuer und sonstige auf motorisierte Verkehrsmittel bezogene Verkehrsteuern
- Abgaben im Rahmen der Europäischen Gemeinschaften.

Für sie sind spezielle Bundesfinanzbehörden zuständig. Einen Überblick über die dem Bundesfinanzministerium unterstehenden Bundesfinanzbehörden gibt *Schaubild 10*. Im weiteren Sinn gehören zum Geschäftsbereich des Bundesfinanzministeriums auch noch Institutionen, die ihre Aufgaben in eigenständiger Rechtsform wahrnehmen, z. B. die Bundesan-

Die Bundesfinanzverwaltung im engeren Sinne

Bundesoberbehörden			
Bundeszentralamt für Steuern (BZSt)	Bundesamt für zentrale Dienste und offene Vermögensfragen (BAVDV)	Bundesausgleichsamt (BAA)	Bundesmonopolverwaltung für Branntwein (BfB)
Mittelbehörden			
5 Bundesfinanzdirektionen	Zollkriminalamt (ZKA)		Zollverwaltung
Örtliche Behörden			
43 Hauptzollämter	8 Zollfahndungsämter		
Sonstige Dienststellen			
Zentrum für Informationsverarbeitung und Informationstechnik (ZIVIT)	Bildungs- und Wissenschaftszentrum (BWZ)		

Quelle: BMF, Im Profil – Das Bundesministerium der Finanzen, Berlin 2012 (Stand: 1. Dezember 2009)

Finanzmonopol

Im Grundgesetz wird der Begriff *Finanzmonopol* nicht definiert. Man versteht darunter den Einkauf oder die Herstellung bzw. Einführung sowie den Verkauf/die Verwertung eines bestimmten Produkts ausschließlich durch staatseigene Unternehmen (= in eigener Regie, Regiebetriebe) oder mit ausdrücklicher staatlicher Konzession (= Erlaubnis). Die Produkte eines Finanzmonopols wurden mit einem Preisaufschlag verkauft, um so Einnahmen für den Staat zu gewinnen. Es handelte sich somit um eine Form der Verbrauchsbesteuerung.

Nachdem das Zündwarenmonopol im Januar 1983 aufgehoben wurde, existiert in Deutschland heute nur noch das sog. Branntweinmonopol, für das die Bundesmonopolverwaltung für Branntwein (BfB) in Offenbach zuständig ist (siehe Schaubild 10). Dabei trifft der Begriff *Monopol* (= alleiniger Hersteller) inzwischen nicht mehr zu, weil sie den von kleinen und mittelständischen landwirtschaftlichen Brennereien übernommenen Agraralkohol im Wettbewerb mit anderen Anbietern, vor allem aus EU- und aus Drittländern, verwerten muss. Das Ziel ist heute auch nicht mehr die staatliche Einnahmeerzielung, sondern die Sicherung angemessener Einkommen und umweltfreundliche Produktion. Von der EU-Kommission wird dies, da es sich nicht mehr um eine Verbrauchsteuer, sondern um eine landwirtschaftliche Subvention handelt, kritisch gesehen.

stalt für Finanzdienstleistungsaufsicht (Bafin) und die Bundesanstalt für Post und Telekommunikation Deutsche Bundespost (BAnst PT).

Es würde in diesem Kurzlehrbuch zu weit führen, die einzelnen Behörden und ihre Aufgaben näher zu beschreiben. Wichtig für das Verständnis der Steuerpolitik ist zu wissen, dass die Finanzverwaltung im Wesentlichen Ländersache ist und der Bund, obwohl ihm die meisten Steuereinnahmen zufließen, bei der Verwaltung nur eine unbedeutende Rolle spielt.

Damit können wir zu dem steuerpolitisch interessanten Aspekt – dem Finanzausgleich – überleiten.

3.2 Der Finanzausgleich

Tabelle 5 ist zu entnehmen, wie viele Einnahmen 2012 auf die Bundes-, die Länder-, die Gemeindesteuern und die Gemeinschaftssteuern entfallen sind. Mit anderen Worten: Wir teilen das Stück Kuchen aus *Schaubild 2,* die 51 Prozent der Staatseinnahmen, die durch Steuern erzielt werden, danach auf, ob es sich um Steuern handelt, die dem Bund, den Bundesländern oder den Gemeinden zugeflossen sind, oder ob es sich um Steuern handelt, die zwischen Bund, Ländern und Gemeinden aufgeteilt werden – die sog. *Gemeinschaftssteuern.* Zu den zwischen Bund, Ländern und Gemeinden aufgeteilten Steuern – den Gemeinschaftssteuern (siehe *Tabelle 6*) – gehören die

- Lohnsteuer
- veranlagte Einkommensteuer
- nicht veranlagte Steuern vom Ertrag
- Abgeltungsteuer auf Zins- und Veräußerungserträge (einschl. ehemaligem Zinsabschlag)
- Körperschaftsteuer

Tabelle 5 Kassenmäßige Steuereinnahmen Bundes-, Länder- und Gemeindesteuern sowie Gemeinschaftssteuern *vor* dem Finanzausgleich 2012

Steuerarten	Mio. €	in %
Gemeinschaftssteuern	426 190	71,0
davon: Umsatzsteuer[1]	194 635	24,8
davon: Lohnsteuer	149 065	
Bundessteuern	99 794	16,6
davon: Energiesteuer	39 305	6,5
davon: Tabaksteuer	14 143	2,4
Ländersteuern	14 201	2,4
davon: Grunderwerbsteuer	7 389	1,2
davon: Erbschaftsteuer	4 305	0,7
Gemeindesteuern[2]	55 636	9,3
davon: Gewerbesteuer	42 700	7,1
davon: Grundsteuer	11 890	2,0
Zölle	4 462	0,7
Steuereinnahmen insgesamt	600 284	100,0

1 einschl. Einfuhrumsatzsteuer. – 2 Stand Ergebnis AK »Steuerschätzungen« vom November 2012

Quelle: BMF – I A 6

Tabelle 6 Gemeinschaftssteuern

Lohnsteuer	Die Lohnsteuer ist die Einkommensteuer (siehe Tabelle 3), die bei Arbeitnehmern durch Abzug vom Arbeitslohn erhoben wird.
Veranlagte Einkommensteuer	Steuern, für die man als Steuerpflichtiger eine Erklärung einreicht. Das Finanzamt setzt auf Basis dieser Erklärung die Einkommensteuer fest.
Nicht veranlagte Steuern vom Ertrag	Steuern auf Zins- oder sonstige Kapitalerträge, für die der Steuerpflichtige keine Erklärung einreicht. Die Steuern werden – ähnlich wie bei der Lohnsteuer vom Arbeitgeber – von der Bank oder der Versicherung direkt ans Finanzamt überwiesen.
Abgeltungsteuer auf Zins- und Veräußerungserträge	Steuer auf Einkünfte aus Kapitalvermögen, z.B. auf Zinsen, Dividenden, Erträge aus Investmentfonds. Auch Kursgewinne aus dem Verkauf von Wertpapieren unterliegen der Abgeltungsteuer. Sie beträgt zur Zeit 25 % (2012). Der Begriff »Abgeltungsteuer« drückt aus, dass mit der Abführung von 25 % der Einkünfte aus Kapitalvermögen die Steuerschuld abgegolten ist, auch wenn die übrigen Einkünfte des Steuerpflichtigen so hoch sind, dass sie einem höheren Einkommensteuersatz unterliegen.
Körperschaftsteuer	Steuer auf die Gewinne von Kapitalgesellschaften (AG, GmbH), Genossenschaften oder Vereinen.
Umsatzsteuer	Siehe Tabelle 3.
Einfuhr-Umsatzsteuer	Umsatzsteuer auf eingeführte Produkte.

- Umsatzsteuer
- Einfuhrumsatzsteuer

Aus *Tabelle 5* geht hervor, wie sich die Steuereinnahmen *vor* dem Finanzausgleich auf Bund, Länder und Gemeinden verteilen. Danach entfielen 2012 von den gesamten Steuereinnahmen in Höhe von 600,3 Mrd. Euro 99,8 Mrd. Euro (16,6 %) auf Bundessteuern, 14,2 Mrd. Euro auf Länder- (2,4 %) und 55,6 Mrd. Euro (9,3 %) auf Gemeindesteuern. Den weitaus größten Brocken der Steuereinnahmen machten mit 426,2 Mrd. Euro die Gemeinschaftssteuern aus.

Schaubild 11 zeigt die langfristige Entwicklung seit 1950. Es lässt erkennen: die Einnahmen aus Steuern des Bundes, die allein ihm zustehen, sind am stärksten gewachsen, die Einnahmen aus reinen Länder- und reinen Gemeindesteuern dagegen kaum. Dabei ist zu berücksichtigen: Im Laufe der Jahrzehnte wurde die Zuordnung der Steuern zu Bund, Ländern und Gemeinden mehrmals geändert. So waren von 1950 bis 1969 nur die Einkommen- und Körperschaftsteuern Gemeinschaftssteuern, deren Aufkommen zwischen Bund und Ländern aufgeteilt wurden. Ab 1970 wurde auch die Umsatzsteuer eine Gemeinschaftssteuer. Das erklärt, warum es in *Schaubild 11* zwischen 1969 und 1970 einen Knick in der Kurve der Bundessteuern gibt. Ab 1970 sind die Einnahmen aus der Umsatzsteuer in den Bundessteuern nicht mehr enthalten. Des Weiteren fällt auf: Auch die Gemeindesteuereinnahmen fallen 1970 gegenüber 1969 ab. Dafür gibt es ebenfalls eine Erklärung: Die Gemeinden mussten ab 1970 ihrerseits ihre Gewerbesteuereinnahmen über eine Umlage (die sog. Gewerbesteuerumlage) mit Bund und Ländern teilen. Im Gegenzug erhielten die Gemeinden ab 1970 einen Anteil von 14 % am Lohn- und Einkommensteueraufkommen. Diese politische Entscheidung wurde von Bundestag und Bundesrat im Zuge der Finanzreform von 1969 getroffen. Grund: Die Gewerbesteuer ist stark konjunkturabhängig. Das bedeutet: Wenn bei

Schaubild 11 Einnahmen aus Bundes-, Länder- und Gemeindesteuern 1950 bis 2012

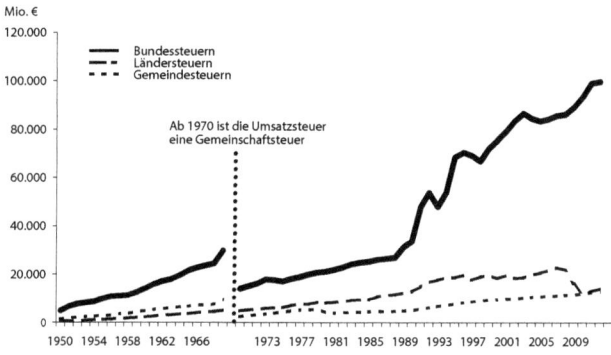

Quelle: BMF

schwachem Wirtschaftswachstum oder einer Krise die Erträge der Unternehmen und damit auch die Gewerbesteuereinnahmen sanken, wurden die Gemeinden stärker betroffen als die übrigen Gebietskörperschaften. Dagegen ist das Lohn- und Einkommensteueraufkommen zwar auch von der Wirtschaftslage abhängig, aber nicht so stark und unmittelbar wie die Gewerbesteuer.

Spätestens an dieser Stelle wird der Leser einen ersten Eindruck bekommen haben, wie kompliziert unser Steuersystem ist. Er wird zu Recht fragen: Warum hat man so ein System, bei dem manche Steuern nicht nur *einer* Gebietskörperschaft, sondern mehreren – dem Bund, den Bundesländern und den Gemeinden zufließen – man nennt es *Verbundsystem* – überhaupt geschaffen?

Ein Teil der Antwort wurde in den bisherigen Ausführungen bereits gegeben. Die Höhe der Einnahmen aus den ertragsstarken Steuern Lohn- und Einkommensteuer sowie Umsatzsteuer ist von der allgemeinen Wirtschaftslage ab-

Gewerbesteuer

Die Gewerbesteuer erhebt die jeweilige Gemeinde von jedem im Inland geführten Gewerbebetrieb. Nicht der Gewerbesteuer unterliegen Land- und forstwirtschaftliche Betriebe, freie Berufe (z. B. Ärzte, Anwälte) oder andere selbständige Arbeit (z. B. Schriftsteller, Künstler).

Grundlage der Besteuerung ist der Gewerbeertrag, der mit dem nach Einkommen- und Körperschaftsteuerrecht zu ermittelnden Gewinn identisch ist. Früher wurden auch noch das Gewerbekapital und die Lohnsumme des Betriebes besteuert. Der Gewerbeertrag (Gewinn) wird noch um bestimmte Beträge erhöht oder vermindert. Durch diese Hinzurechnungen oder Kürzungen soll die tatsächliche Ertragskraft des Betriebs so objektiv wie möglich ermittelt werden. Sie wurden vom Gesetzgeber immer wieder verändert.

Der nach den Hinzurechnungen und Kürzungen auf volle 100 Euro abgerundete Gewerbeertrag führt nach Abzug eines Freibetrages (2012: 24 500 €) zum eigentlich der Besteuerung unterliegenden Gewerbeertrag. 3,5 % *(= Steuermesszahl)* dieses Gewerbeertrages führen zum *Steuermessbetrag*. Auf diesen Steuermessbetrag wendet die Gemeinde den sog. *Hebesatz* an, mit dem der Steuermessbetrag multipliziert wird. Er beträgt mindestens 200 % und wird von der Gemeinde festgesetzt.

Den höchsten Hebesatz hatten am 31.12.2010 die Städte München und Duisburg mit 490 %. Ihnen folgten Marl (480 %) und Hamburg (470 %). Frankfurt am Main, Hannover und Leipzig besteuerten ihre gewerblichen Unternehmen mit einem Hebesatz von 460 %. In vielen kleineren Orten mit weniger als 50 000 Einwohnern wird hingegen nur der Mindesthebesatz von 200 % angewandt.

hängig, man sagt: sie sind konjunkturabhängig. Geht es mit der Wirtschaft bergauf, steigen die Einkommen der Bevölkerung und die Umsätze der Unternehmen. Dementsprechend steigen die Einnahmen aus der Einkommensteuer und der Mehrwertsteuer. Befindet sich die Wirtschaft dagegen in einer Krise, stagnieren die Einkommen der Bevölkerung oder sie sinken sogar. Dann können die Unternehmen auch weniger Waren verkaufen. Folge: Die Einnahmen des Staates aus der Einkommen- und Umsatzsteuer sinken.

Andere Steuern sind wiederum weniger konjunkturabhängig. Die Erbschaftsteuer z. B. (= Ländersteuer) fällt je nach Zahl der eingetreten Erbfälle an. Diese wiederum hängen nicht davon ab, ob es der Wirtschaft gut oder schlecht geht. Das Gleiche gilt für die Grundsteuer.

Wer ein Grundstück besitzt, muss darauf Grundsteuer zahlen, egal, ob sein Einkommen konjunkturbedingt gerade steigt oder fällt.

Die Politik hat deshalb festgelegt, die Einnahmen aus diesen konjunkturabhängigen Steuern zu Gemeinschaftssteuern (s. o.) zu erklären und auf alle Gebietskörperschaften nach einem Schlüssel aufzuteilen. *Tabelle 7* zeigt, wie die Verteilung 2012 erfolgte. Je nachdem, welche Beschlüsse die obersten Parlamente – Bundestag und Bundesrat (= Vertretung der 16 Bundesländer) – fassen, kann sich dieser Verteilerschlüssel von Jahr zu Jahr ändern.

Allein mit der Aufteilung der Gemeinschaftssteuern auf Bund, Länder und Gemeinden ist aber noch keine befriedigende Verteilung der Finanzmittel in Deutschland erreicht. Die 16 Bundesländer verfügen über eine unterschiedlich hohe Wirtschaftskraft, d. h.: ihr Bruttoinlandsprodukt pro Kopf der Bevölkerung weicht deutlich voneinander ab *(Schaubild 12)*. Das höchste Bruttoinlandsprodukt je Kopf hatte 2011 Hamburg mit 52 731 Euro, das niedrigste Mecklenburg-Vorpommern mit nur 21 363 Euro im Jahr 2011. Über dem Durchschnitt Deutschlands (31 440 Euro) liegen neben Hamburg

Tabelle 7 Aufteilung der Gemeinschaftssteuern auf Bund, Länder und Gemeinden 2012

Lohn- und Einkommensteuer %		Umsatzsteuer %	
		2011	
Bund	42,5	Bund	53,9
Länder	42,5	Länder	44,1
Gemeinden	15,0	Gemeinden	2,0
Abgeltungsteuer[1]			
Bund	44,0	2012	
Länder	44,0		
Gemeinden	12,0	Bund	53,4
		Länder	44,6
Körperschaftsteuer		Gemeinden	2,0
Bund	50,0		
Länder	50,0		

1 Steuer auf Zins- und Veräußerungserträge

Quelle: BMF, Bund/Länder Finanzbeziehungen auf der Grundlage der Finanzverfassung, Berlin 2012, S. 16.

Nordrhein-Westfalen, Baden-Württemberg, Bayern, Hessen und Bremen, unter dem Durchschnitt die fünf neuen Bundesländer sowie das Saarland, Berlin, Rheinland-Pfalz, Niedersachsen und Schleswig-Holstein. Die unterschiedliche Wirtschaftskraft hat eine unterschiedliche Finanzkraft der Bundesländer zur Folge. Diese ist nach Art. 107 Abs. 2 GG angemessen auszugleichen, wobei auch die Finanzkraft und der Finanzbedarf der Gemeinden zu berücksichtigen ist. Der Ausgleich der unterschiedlichen Finanzkraft erfolgt in einem komplizierten Verfahren, das man *horizontaler und vertikaler Finanzausgleich* nennt.

Beim *vertikalen Finanzausgleich* geht es um die Verteilung

Schaubild 12 Bruttoinlandsprodukt der Bundesländer je Einwohner in Euro 2011

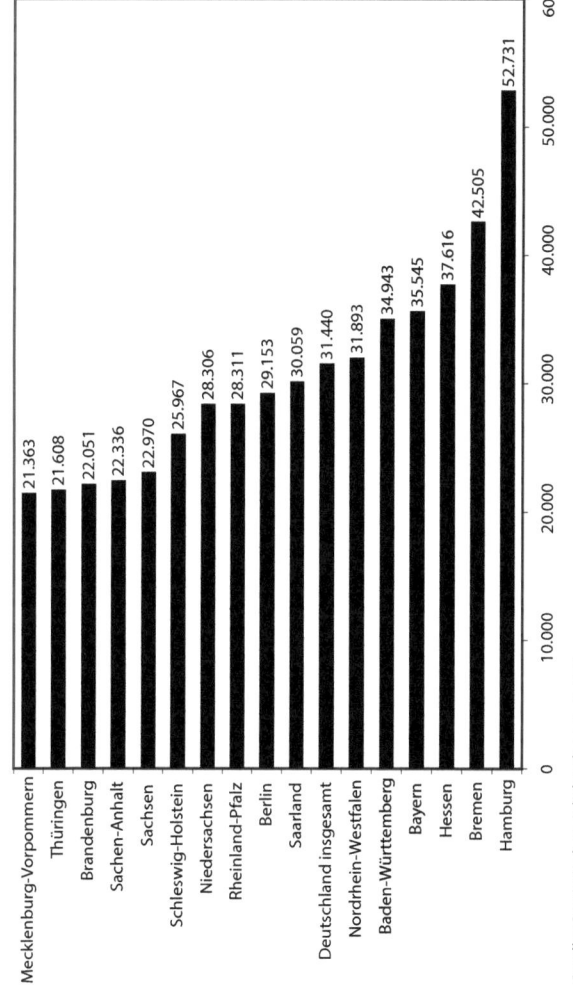

Quelle: Statistisches Jahrbuch 2012, S. 336.

der Steuereinnahmen auf die einzelnen Ebenen Bund – Länder – Gemeinden, also um die Frage:

- Welche Steuern stehen nur dem Bund, den Ländern oder den Gemeinden zu?
- Welche Steuern sind Gemeinschaftssteuern, deren Einnahmen nach einem Schlüssel auf Bund, Länder und Gemeinden aufgeteilt werden.

Den vertikalen Finanzausgleich haben wir bereits beschrieben.
Der *horizontale Finanzausgleich* betrifft die Umverteilung der Steuermittel *auf der gleichen Gebietskörperschaftsebene,* also etwa zwischen »reichen« und »armen« Bundesländern. Hier gilt:

- Die im vertikalen Finanzausgleich festgelegten Anteile der Länder an der Lohn- und Einkommensteuer sowie die Körperschafts- und Abgeltungsteuer fließen grundsätzlich dem Bundesland zu, in dem der Steuerpflichtige seinen Wohnsitz hat bzw. das Unternehmen eine Betriebsstätte unterhält.
- Der Anteil der Länder am Umsatzsteueraufkommen wird grundsätzlich (zu drei Viertel) nach der jeweiligen Einwohnerzahl auf die Bundesländer verteilt. Der Rest (ein Viertel) wird nach Steuerkraftgesichtspunkten von den steuerstarken zugunsten der steuerschwachen Länder umverteilt. Diese Teile, die steuerschwachen Ländern zusätzlich zur Verfügung gestellt werden, bezeichnet man als *Ergänzungsanteile*. Welches Land ausgleichsberechtigt ist und somit Ergänzungsanteile erhält und welches ausgleichspflichtig ist und Ausgleichsbeiträge leisten, d. h. etwas von seinen Steuereinnahmen abgeben muss, wird in einem komplizierten Rechenverfahren ermittelt. Neben dem Finanzausgleich auf Länderebene gewährt der Bund steuerschwachen Ländern ergänzend zur Deckung des all-

gemeinen Finanzbedarfs noch zusätzliche Mittel, die sog. *Bundesergänzungszuweisungen.*

Es würde in diesem Kurzlehrbuch zu weit führen, die Einzelheiten der Berechnung und die dabei verwendeten Messzahlen und Formeln zu erklären. Geregelt sind die Aufteilung des Steueraufkommens sowie der horizontale und vertikale Finanzausgleich im Kapitel X des Grundgesetzes. Es ist überschrieben mit »Das Finanzwesen« und umfasst die Artikel 104a bis 115. Mit Ausnahme der Umsatzsteuer hat die Verteilung der Steuern auf die einzelnen Gebietskörperschaften Verfassungsrang. Das bedeutet: Der Steuerverteilungsschlüssel ist zwar nicht auf alle Zeiten unveränderbar festgeschrieben. Eine andere Regelung bedarf jedoch einer Verfassungsänderung, der Bundestag und Bundesrat zustimmen müssen.

Anders sieht es bei der Verteilung der Umsatzsteuer aus. Art. 106 Abs. 3 GG besagt zur Umsatzsteuer:

»Die Anteile von Bund und Ländern an der Umsatzsteuer werden durch Bundesgesetz, das der Zustimmung des Bundesrates bedarf, festgesetzt. Bei der Festsetzung ist von folgenden Grundsätzen auszugehen:

1. Im Rahmen der laufenden Einnahmen haben der Bund und die Länder gleichmäßig Anspruch auf Deckung ihrer notwendigen Ausgaben. Dabei ist der Umfang der Ausgaben unter Berücksichtigung einer mehrjährigen Finanzplanung zu ermitteln.

2. Die Deckungsbedürfnisse des Bundes und der Länder und der Länder sind so aufeinander abzustimmen, dass ein billiger Ausgleich erzielt, eine Überbelastung der Steuerpflichtigen vermieden und die Einheitlichkeit der Lebensverhältnisse im Bundesgebiet gewahrt wird.

…«

Das Bundesgesetz, das in Art. 106 (3) GG erwähnt wird und das die Anteile von Bund und Ländern an der Umsatzsteuer regelt, ist das »Gesetz über den Finanzausgleich zwischen Bund und Ländern (Finanzausgleichsgesetz – FAG) vom 20.12.2001«. Es ist am 1.1.2005 in Kraft getreten und soll am 31.12.2019 wieder außer Kraft treten. Der Grund für die zeitlich begrenzte Laufzeit liegt darin, dass dieses Gesetz auch die oben erwähnten Bundesergänzungszuweisungen festschreibt, die zur Deckung von Sonderlasten aus der deutschen Wiedervereinigung den fünf neuen Bundesländern und dem Land Berlin bis zum Jahr 2019 zuerkannt wurden. Bis dahin soll der wirtschaftliche Rückstand der neuen Bundesländer gegenüber der alten Bundesrepublik endgültig aufgeholt sein. Je nach den dann eingetretenen Verhältnissen soll der horizontale und vertikale Finanzausgleich 2019 neu geregelt werden.

Die Verteilung der Steuereinnahmen auf Bund, Länder und Gemeinden ist immer wieder Gegenstand heftiger politischer Kontroversen. Auf die politische Bedeutung des horizontalen und vertikalen Finanzausgleichs wollen wir im folgenden Unterabschnitt eingehen.

3.3 Die politische Bedeutung des Finanzausgleichs

Wer soll wie viel vom »Steuerkuchen« bekommen? Bei dieser Frage treffen unterschiedliche Positionen und divergierende (= auseinander strebende) Interessen aufeinander: Jeder Minister einer Bundes- oder Landesregierung, jeder Bürgermeister einer Stadt oder Gemeinde möchte so viele Finanzmittel wie möglich für den Bereich, den er verantwortet, zur Verfügung haben. Das gilt für den Bundesarbeits- oder den Bundesverkehrsminister ebenso wie für den Kultus- oder Wirtschaftsminister eines Bundeslandes oder den Landrat eines Landkreises oder den Bürgermeister einer Kommune. Das bedeutet umgekehrt: Jeder möchte so viel wie irgend möglich von seinen Geldern behalten und so wenig wie möglich an andere Gebietskörperschaften abtreten. Zu diesem, von jedem Ministerium oder Landkreis und jeder Behörde oder Kommune entwickelten *Eigeninteresse* kommen *unterschiedliche, parteipolitisch bzw. ideologisch geprägte Differenzen*. Ist man eher Anhänger eines gut ausgestatteten Staates mit zahlreichen Steuerungs- und Einflussmöglichkeiten auf Wirtschaft und Gesellschaft, wie die eher links orientierten Parteien? Dann befürwortet man eher höhere Steuern und staatliche Gebühren. Möchte man dagegen die Staatsbürokratie möglichst klein halten und so wenig wie möglich staatlich regeln und kontrollieren, wie die liberal-konservativen politischen Kräfte? Dann tritt man eher für niedrige Steuern ein. Im politischen Alltag überkreuzt sich das Eigeninteresse einer Institution häufig mit der grundsätzlicheren parteipolitischen Ausrichtung. So kämpfen liberal-konservative Kommunalpolitiker durchaus für gut ausgestattete Haushalte ihrer Stadt oder Gemeinde, obwohl sie eigentlich nach ihrem Parteibuch für »weniger Staat« plädieren müssten. Umgekehrt hofieren links orientierte Kommunalpolitiker die örtlich ansässigen Betriebe und wollen im Interesse eines attraktiven Wirtschaftsstandortes und sicherer Arbeitsplätze in ihrer Kommune niedrige Belastungen der Unternehmen mit Steuern und Gebühren – obwohl sie aus parteipolitischer Sicht eigentlich für das Gegenteil eintreten müssten.

Um die unterschiedlichen Interessen von Bund, Ländern und Gemeinden auszugleichen, wird neben dem *Bundestag* als das von der gesamten bundesdeutschen Bevölkerung gewählte Parlament auch der *Bundesrat* als Vertretung der Regierung der 16 Bundesländer in die Verabschiedung aller Gesetze einbezogen, die auch die Finanzen der Länder berühren. Im Artikel 105 des Grundgesetzes heißt es dazu:

(1) Der Bund hat die ausschließliche Gesetzgebung über die Zölle und Finanzmonopole.

(2) Der Bund hat die konkurrierende Gesetzgebung über die übrigen Steuern, wenn ihm das Aufkommen dieser Steuern ganz oder zum Teil zusteht oder die Voraussetzungen des Artikels 72 Abs. 2 vorliegen.

(2a) Die Länder haben die Befugnis zur Gesetzgebung über die örtlichen Verbrauch- und Aufwandsteuern, solange und soweit sie nicht bundesgesetzlich geregelten Steuern gleichartig sind. Sie haben die Befugnis zur Bestimmung des Steuersatzes bei der Grunderwerbsteuer.

(3) Bundesgesetze über Steuern, deren Aufkommen den Ländern oder den Gemeinden (Gemeindeverbänden) ganz oder zum Teil zufließt, bedürfen der Zustimmung des Bundesrates.

Mit anderen Worten: Eine Bundesregierung kann – gestützt auf die sie tragende Mehrheit des Bundestages – im Bereich der aufkommensstärksten Steuern – der Lohn- und Einkommensteuer, der Körperschaftsteuer und der Abgeltungsteuer sowie der Umsatzsteuer – keinerlei gesetzliche Änderungen vornehmen, wenn nicht die Mehrheit des Bundesrates zustimmt. Die politischen Folgen dieser Regelung sind weitreichend: Im Bundestag und Bundesrat herrschen, je nachdem, wie die Bundestagswahlen und die zu anderen Zeitpunkten stattfindenden Landtagswahlen ausgehen, mal gleichläufige, mal gegenläufige politische Mehrheiten. Mit anderen Worten: Eine aus CDU/CSU und FDP bestehende Bundesregierung kann sich einem Bundesrat gegenüber sehen, der mehrheitlich aus Vertretern von Landesregierungen besteht, die von SPD und Bündnis 90/DIE GRÜNEN (oder auch von SPD und Die Linke) geführt werden. Umgekehrt kann eine SPD/FDP-Koalition bzw. eine rot-grüne Koalition im Bund mit einem mehrheitlich aus CDU/CSU bzw. CDU/CSU und FDP zusammen gesetzten Landesregierungen im Bundesrat kon-

frontiert sein. Gleichläufige Mehrheiten in Bundestag und
Bundesrat sind in der bisherigen Geschichte der Bundesrepublik
Deutschland die Ausnahme. CDU geführte Bundesregierungen
hatten bis Ende 2012 in ihren bisherigen über
33 Jahren Regierungszeit (große Koalitionen ausgenommen)
nur 13 Jahre eine gleichförmige Mehrheit auch im Bundesrat.
Bei von der SPD geführten Bundesregierungen waren
es von 20 Regierungsjahren nur 11 Monate (siehe *Tabelle 8*).
Man kann deshalb sagen: Auch wenn sich die beiden großen
Parteien nicht zu einer großen Koalition zusammen finden
wie von 1966 bis 1969 oder von 2005 bis 2009, herrscht in
Deutschland in der Regel eine Art Allparteien-Regierung. Zumindest
gilt dies für die Steuerpolitik, bei der fast alle Gesetze
den Bundestag *und* den Bundesrat passieren müssen.

- Bei einer gegenläufigen Mehrheit in Bundestag und Bundesrat
gewinnen parteipolitische Interessen des Öfteren die
Oberhand. Die jeweilige Opposition im Bundestag nutzt
ihre Mehrheit im Bundesrat dazu, die Gesetzesvorhaben
der Regierung zu blockieren. Das galt für die Legislaturperiode
1994 bis 1998, als die CDU/CSU-FDP-Regierung
unter *Helmut Kohl* (CDU) von der SPD-Mehrheit im Bundesrat
bei ihren Steuerreformplänen ausgebremst wurde.
Allerdings bedarf es dazu auf Oppositionsseite einer Führung,
die die Ministerpräsidenten in die Parteidisziplin einbindet.
In den damaligen Jahren geschah das durch *Oskar
Lafontaine,* dem SPD-Ministerpräsidenten des Saarlandes.
Auch in der zweiten Amtszeit *Angela Merkels* (CDU) blockierte
die rot-grüne Opposition Steuersenkungsvorhaben,
die vom Koalitionspartner FDP vorgeschlagen wurden.
CDU/CSU und FDP verhielten sich allerdings während
ihrer Oppositionszeit nicht grundsätzlich anders. Sie erzwangen
insbesondere bei den Arbeitsmarktreformen der
rot-grünen Regierungskoalition unter *Gerhard Schröder*
(SPD) immer wieder weiter reichende Maßnahmen, die

Tabelle 8 Mehrheitsverhältnis im Bundestag und Bundesrat September 1949 bis Dezember 2012

Regierungen	Monate	Jahre +Monate	In Prozent aller Monate	In Prozent der jeweiligen Regierungszeit
CDU - geführte Bundesregierungen*	**439**	**36 J./7 M.**	**57,1**	-
davon:				
gleichläufige Mehrheit	163	13 J./7 M.	21,2	37,1
gegenläufige Mehrheit	276	20 J./4 M.	35,9	62,9
Große Koalitionen	**90**	**7 J./6 M.**	**11,7**	**100,0**
SPD - geführte Bundesregierungen*	**240**	**20 J.**	**31,2**	-
davon:				
gleichläufige Mehrheit	11	0 J./11 M.	1,4	4,6
gegenläufige Mehrheit	229	19 J./ 1 M.	29,8	95,4
	769	**64 J./1 M.**	**100,0**	-

* ohne große Koalitionen von 1966–1969 und von 2005–2009.

Quelle: Schmidt, M. G./Zohlnhöfer, R., Rahmenbedingungen politischer Willensbildung in der Bundesrepublik Deutschland seit 1949, in: dies. (Hrsg.), Regieren in der Bundesrepublik Deutschland. Innen- und Außenpolitik seit 1949, Wiesbaden 2006, S. 15 und eigene Fortschreibung.

die Regierungsparteien zu Zugeständnissen zwang, die sie nicht eingeräumt hätte, wenn sie in beiden Kammern die Mehrheit gehabt hätte.
- Selbst bei gleichläufiger Mehrheit in Bundestag und Bundesrat kann der Bundesrat gerade in der Steuerpolitik erheblichen Einfluss geltend machen. So kann eine Regierungskoalition mit entsprechender Mehrheit auch im Bundesrat bestrebt sein, der Opposition keinen Einfluss auf die Steuerpolitik zu geben. Das gelingt allerdings nur bei geschlossenem Auftreten der Regierungsparteien im Bund und der Ministerpräsidenten gleicher politischer Richtung im Bundesrat. Diese Konstellation verleiht den regierungsnahen Ministerpräsidenten ein Drohpotential, mit dem sie erheblichen Druck auf die Bundesregierung ausüben können. Um die Gefolgschaft wichtiger Ministerpräsidenten im Bundesrat nicht zu verlieren, ist die Bundesregierung dann gezwungen, einzelnen Länderinteressen entgegen zu kommen. Dadurch können sich mitunter regionale Sonderinteressen durchsetzen, die sonst keine Chance auf Gehör gefunden hätten.

Für die meisten Bürger stellt sich das Ringen um die Steuerpolitik als ein ewig währendes Hick-Hack dar. Zum einen liegt das sicher auch an der der Komplexität steuerlicher Fragen. Sie macht dieses Politikfeld für den Normalbürger kaum durchschaubar und ermöglicht es, steuerpolitische Forderungen zu erheben, deren Interessenhintergrund oft nicht zu erkennen ist. Zum anderen ist das permanente Ringen in der Steuerpolitik in den Institutionen des deutschen politischen Systems angelegt. Der föderale Aufbau Deutschlands mit 16 Bundesländern und die finanzielle Verflechtung der drei Ebenen Bund, Länder und Gemeinden führt zu einem ständigen »Tauziehen« zwischen Bundestag und Bundesrat, zwischen Regierungsmehrheit, Opposition und Ländervertretung. Die Politikwissenschaft bezeichnet diese schwierige

Form der politischen Entscheidungsfindung als *Politikverflechtung*. Sie war ursprünglich von den »Vätern« des Grundgesetzes so gar nicht gewollt. Sie stellte in den ersten zwei Jahrzehnten der alten Bundesrepublik auch noch kein so großes Problem dar, weil

- erstens die politischen Mehrheiten in Bundestag und Bundesrat über viel längere Zeiträume gleichläufig waren und weil
- zweitens die Finanzen der Gebietskörperschaften in den Anfangsjahren noch nicht so eng verflochten waren und eine Zustimmungspflicht des Bundesrates nicht gegeben war.

Erst mit der von der ersten großen Koalition verabschiedeten Finanzreform von 1969, die für bestimmte staatliche Aufgaben und Projekte eine Mischfinanzierung von Bund und Ländern einführte, wurden die Entscheidungsprozesse schwieriger.

Damit können wir zum nächsten Kapitel überleiten, das sich mit der Frage befasst: »Was wird mit den Steuern gemacht?« Denn darüber entbrennt in aller Regel neuer politischer Streit.

4 Was wird mit den Steuern gemacht?

„Ich hätte ja kein Problem damit, Steuern zu zahlen. Wenn man nur wüsste, was mit ihnen geschieht!« Nicht selten hört man diese Aussage von Bürgern, die man auf die Steuern anspricht. Doch kaum eine Bürgerbeschwerde ist so unberechtigt wie diese.

Was der Staat mit seinen Steuereinnahmen macht, wird gerade in der Demokratie nicht verheimlicht. Im Gegenteil: Die moderne Demokratie begann ja gerade damit, dass das Bürgertum gegen die Adeligen und Fürsten aufbegehrte, weil sie Steuern eintrieben, ohne Rechenschaft darüber abzulegen, was sie damit anstellten. Die Wahl von Vertretungen des Bürgertums mit der Befugnis, den Haushaltsplan zu beschließen und damit zu bestimmen, wofür der Staat seine Steuereinnahmen ausgibt, stand am Anfang der heutigen, modernen Demokratie. Dieses *Budgetrecht* ist die ureigene Zuständigkeit der gewählten Parlamente. Und selbstverständlich sind alle Haushaltspläne von Bund, Ländern und Gemeinden veröffentlicht. Jeder kann sich also genauer informieren, was mit seinen Steuern geschieht. Man muss nur in der Lage sein, einen Haushaltsplan zu lesen und sich in der Finanzstatistik zurechtfinden.

Ein Haushaltsplan ist nicht allzu spannend. Wir behandeln deshalb die Systematik eines Haushalts im nächsten Unterabschnitt nur kurz. Wesentlich interessanter ist es, die Struktur der Staatsausgaben Aufgabenbereichen zu betrachten und sich die langfristige Entwicklung anzuschauen. Das geschieht im dann folgenden Abschnitt.

4.1 Das Budget des Staates: Der Haushaltsplan

Der Haushaltsplan ist gewissermaßen das in Zahlen gegossene politische Programm einer Regierung. Denn die Parteien einer Regierungskoalition müssen ihr politisches Handeln in allen Politikbereichen in Einnahmen und Ausgaben umsetzen, und zwar so, dass alle Ausgaben durch Einnahmen gedeckt sind. Zu den regulären Einnahmen aus Steuern kann auch die Aufnahme von Schulden kommen. Darauf wollen wir in diesem Kapitel nicht näher eingehen.

Wegen seiner eminent politischen Bedeutung nennen manche den Haushaltsplan auch das »Hauptbuch der Nation«. Und weil eine Regierung mit dem Haushaltsplan auch darlegt, welchen politischen Kurs sie einschlagen will und mit welcher Steuerpolitik welche Ausgaben finanziert werden sollen, ist die Haushaltsdebatte im Bundestag, in der der Haushalt verabschiedet wird, regelmäßig ein Anlass für die Oppositionsparteien, die Politik der Regierung grundsätzlich zu bewerten und zu kritisieren.

Der Bundeshaushaltsplan 2012 umfasst knapp 2 700 Seiten. Nur wenige dürften deshalb den Plan von vorne bis hinten lesen. Jeder Bürger kann sich jedoch mit nur wenigen Klicks den Bundeshaushaltsplan aus dem Internet herunter laden und sich beliebige Einzelpositionen betrachten, die ihn besonders interessieren.

Beispielsweise kann man aus dem Titel 532 02 des Haushalts des Bundeskanzleramts entnehmen, dass 2012 für Kosten aus Anlass von Auslandsreisen der Bundeskanzlerin 600 000 Euro veranschlagt sind. Aus Titel 812 02 wiederum geht hervor: für den Erwerb von Kunstwerken zur Ausstattung von Repräsentationsräumen im Bundeskanzleramt sollen maximal 50 000 Euro ausgegeben werden.

Dem Titel 554 17 des Einzelplans 14 (Bundesministerium der Verteidigung) ist zu entnehmen: für die Beschaffung des Waffensystems Eurofighter wurden 1,2 Mrd. Euro bereitgestellt. Und für das Arbeitslosengeld II (Hartz IV) sind im Titel 681 12 des Einzelplans 11 (Bundesministerium für Arbeit und Soziales) 19,6 Mrd. Euro eingeplant.

Wir sehen: Was der Staat mit seinen Steuereinnahmen machen will, kann jeder nachlesen. So wie die Bundesregierung hat natürlich auch jede Landesregierung ihren Haushaltsplan, ebenso jede Stadt und Gemeinde. »Die da oben«, wie die Regierenden im Volksmund oft bezeichnet werden, machen also nicht, was sie wollen, sondern sie legen Rechenschaft über Einnahmen und Ausgaben ab und werden dabei von den Gemeinde- und Landesparlamenten und vom Bundestag kontrolliert.

Der Umfang von rund 2 700 Seiten mag abschrecken, und die Zahlen hinter dem (Haushalts)Titel mögen dem Leser als ein Buch mit sieben Siegeln erscheinen. Doch die Haushaltspläne folgen einer Systematik, die, wenn man sich erst einmal damit vertraut gemacht hat, das Lesen und Verstehen nicht zu einer hochkomplizierten Wissenschaft macht. Wir wollen uns in diesem Kurzlehrbuch jetzt allerdings nicht darin verlieren, die Haushaltssystematik zu entschlüsseln. (Eine gute Einführung in die Systematik eines Haushaltsplans findet der Leser im Buch von Bajohr/2007). Wichtig zu wissen für uns ist: Der Haushaltsplan ist nach dem Ressortprinzip gegliedert, d.h. jedes Ressort (Ministerium), das Bundespräsidialamt, Bundestag und Bundesrat sowie das Bundeskanzleramt

Die Aufstellung des Bundeshaushalts

Am Anfang der langwierigen Arbeit am Bundeshaushalt steht die Schätzung der Steuereinnahmen im Haushaltsjahr. Dazu wurde ein *Arbeitskreis Steuerschätzung* eingerichtet. Er besteht aus Experten der Bundesministerien für Wirtschaft und Finanzen, der 16 obersten Finanzbehörden der Länder, der Bundesvereinigung kommunaler Spitzenverbände, der Deutschen Bundesbank, des Statistischen Bundesamtes, des Sachverständigenrats zur Begutachtung der gesamtwirtschaftlichen Entwicklung und von sechs ausgewählten wirtschaftswissenschaftlichen Forschungsinstituten. Bei der Schätzung werden die Zusammenhänge zugrunde gelegt, die man in der Vergangenheit zwischen der Entwicklung des Bruttoinlandsprodukts und des Steueraufkommens festgestellt hat. Dieser Zusammenhang wird in der finanzwissenschaftlichen Fachsprache als *Aufkommenselastizität* bezeichnet. Sie ist je nach Steuerart unterschiedlich.

Jedes Ressort/Ministerium wird vom **Bundesfinanzministerium** aufgefordert, bis März eines Jahres seinen Bedarf für das folgende Kalenderjahr anzumelden. Die Ministerien fordern dann ihrerseits von den ihnen unterstellten Behörden die Anmeldungen an und führen sie mit den Wünschen aus dem eigenen Haus zusammen. Schon bei diesem Prozess treten in der Regel interne Kämpfe innerhalb eines jeden Ministeriums auf. Hier muss die jeweilige Ministerin bzw. der jeweilige Minister eine Entscheidung treffen, wenn sich die Beamten auf den nachfolgenden Ebenen nicht einigen können.

Das Bundesfinanzministerium führt die Anforderungen aller Ressorts zusammen. Regelmäßig muss es dann feststellen, dass die nach der Steuerschätzung zu erwartenden Steuereinnahmen (einschließlich einer für vertretbar gehaltenen

Verschuldung) bei weitem nicht ausreichen, alle Wünsche der Ressorts zu erfüllen. Jetzt beginnt das Ringen des Bundesfinanzministers mit den Fachministern, die sog. *Chefgespräche,* in denen versucht wird, sich über Streichungen zu verständigen. In Fällen, in denen das nicht gelingt, wird mit Mehrheit im Kabinett entschieden, das in der Regel im Juni darüber berät. Hier hat der Bundesfinanzminister die Möglichkeit, sein Veto einzulegen. Das kann nur aus dem Weg geräumt werden, indem der/die Bundeskanzler/in ihn nicht unterstützt, sondern sich der Kabinettsmehrheit anschließt.

Im September wird der vom Kabinett verabschiedete Haushaltsentwurf zeitgleich in den *Bundestag* und den *Bundesrat* eingebracht. Mit einer Rede des Bundesfinanzministers, in der er die jeweiligen Budgets erläutert und die politischen Zielsetzungen darlegt, beginnt die Etatdebatte (erste Lesung), die mehrere Tage in Anspruch nimmt. Die **haushaltspolitischen Sprecher** aller Fraktionen ergreifen das Wort, ebenso der/die Bundeskanzler/in. Dann wird der Haushaltsentwurf an den **Haushaltsausschuss** des Bundestages überwiesen. Der aus den Finanzministern und -senatoren der Länder bestehende **Finanzausschuss** des Bundesrates bereitet zeitgleich die Stellungnahme des Bundesrates vor, die dieser nach Verabschiedung innerhalb von sechs Wochen der Bundesregierung zuleitet.

Während sich die Debatte im Bundestag vor allem an die Öffentlichkeit richtet mit dem Ziel, die grundsätzlichen Positionen von Regierung und Opposition zu verdeutlichen, findet im 41-köpfigen Haushaltsausschuss die Sacharbeit statt. Jede Fraktion entsendet für jeden Einzelplan einen Berichterstatter. In der Legislaturperiode von 2009 bis 2013 wurde also jeder Einzelplan von fünf Berichterstattern (da fünf Fraktionen) geprüft und gemeinsam mit dem zuständigen Fachministerium z.T. bis in die kleinsten Positionen erör-

> tert. Hier werden oft Spezialinteressen vorgebracht, deren Anliegen von einem Berichterstatter aufgegriffen und vorgetragen werden. Da im November eine weitere, aktualisierte Steuerschätzung vorgelegt wird (die erste kommt im Mai), gibt es genügend Anknüpfungspunkte, weitere Wünsche in die Diskussion einzubringen. Nach Diskussion und Abstimmung aller Berichte im Haushaltsauschuss geht der korrigierte Haushaltsentwurf in die zweite und dritte Lesung des Bundestages und wird verabschiedet. Der Bundesrat kann anschließend einwilligen oder innerhalb von drei Wochen den **Vermittlungsausschuss** anrufen. Dieser kann entweder einen Vermittlungsvorschlag vorlegen oder ergebnislos auseinandergehen. Der Einspruch des Bundesrats kann vom Bundestag entweder mit der Mehrheit seiner Mitglieder (Kanzlermehrheit) oder, falls der Einspruch des Bundesrates mit Zwei-Drittel-Mehrheit erfolgte, ebenfalls mit einer Zwei-Drittel-Mehrheit zurückgewiesen werden. Dann ist der Haushalt beschlossen.
>
> Quelle: Bajohr, S., Grundriss Staatliche Finanzpolitik. Eine praktische Einführung, 2. Aufl., Wiesbaden 2007, S. 164 ff.

stellen für ihren Bereich jeweils einen Einzelplan mit vielen Erläuterungen auf, die zu einem Gesamthaushaltsplan zusammengeführt werden.

Für die wirtschafts- und gesellschaftspolitische Bewertung der Politik einer Regierung ist der Haushaltsplan jedoch nicht zielführend. Denn die Ausgaben der Ressorts (Ministerien) sagen nur bedingt etwas darüber aus, welche Schwerpunkte der Staat bei seinen Ausgaben setzt. Ergiebiger ist es, die auf verschiedene Ministerien verteilten Ausgaben zu Aufgabenbereichen zusammenzufassen. Sozialausgaben leistet beispielsweise nicht nur das Bundesministerium für Arbeit und

Sozialordnung, sondern auch das Bundesministerium für Gesundheit sowie das Bundesministerium für Familie, Senioren, Frauen und Jugend. Auch entsprechende Ausgaben auf Länder- und Gemeindeebene kommen dazu. Wissenschaft und Forschung werden nicht nur vom Bundesministerium für Bildung und Forschung, sondern von allen Ministerien in ihren Bereichen gefördert. Ferner ist es sinnvoll, die Staatsausgaben unter volkswirtschaftlichen Gesichtspunkten zu analysieren, d.h. danach, wohin die jeweilige Staatsausgabe im Wirtschaftskreislauf fließt und wie sie dort wirkt.

Der Leser wird sich vielleicht fragen, warum man nicht die Einnahmen aus den jeweiligen Steuern auflistet und ihnen gegenüber stellt, was mit ihnen gemacht wurde. Doch *eine* bestimmte Steuer wird nicht *für einen bestimmten Zweck* ausgegeben. Im Gegenteil. Einer der unumstrittenen Haushaltsgrundsätze besagt: Jede Steuereinnahme dient für jede Ausgabe als Deckung. Man nennt diesen Grundsatz das *Nonaffektationsprinzip* (= Nicht-Zweckbindung der Einnahmen). Es ist also keineswegs so, dass mit den Mineralölsteuereinnahmen der Straßenbau und mit dem Solidaritätszuschlag die Kosten der deutschen Einheit finanziert werden. Vielmehr dienen alle Einnahmen als Deckungsmittel für sämtliche Ausgaben. Sinn dieses Nonaffektationsprinzips ist, die Entscheidungsfreiheit der Parlamente zu wahren und sie bei ihrer politischen Schwerpunktsetzung nicht zu beeinträchtigen. Die Haushaltsgrundsätze sind aus jahrzehntelangen Auseinandersetzungen zwischen den Parlamenten und den Monarchen und Fürsten entstanden. Sie sind entweder im Haushaltsgrundsätzegesetz verankert oder sind sogar Bestandteil des Grundgesetzes.

Damit können wir dazu übergehen, uns die Staatsausgaben näher anzusehen, um damit die Frage des Kapitels, was mit den Steuern gemacht wird, beantworten zu können.

4.2 Die Staatsausgaben

Als erstes werden wir uns die Staatsausgaben, aber auch die Staatseinnahmen (Steuern) quasi aus der Vogelperspektive ansehen und die Rolle des Staates im Geldkreislauf der Wirtschaft analysieren. Dadurch gewinnen wir ein erstes Verständnis, was mit den Steuern gemacht wird. Als nächstes werden wir die Staatsausgaben strukturieren, um besser nachvollziehen zu können, wie sie wirken.

4.2.1 Der Staat im volkswirtschaftlichen Geldkreislauf

Stellen wir uns vor, wir stünden auf dem Gipfel der Zugspitze und würden das Wirtschaftsgeschehen vom höchsten Berg Deutschlands aus beobachten. Insbesondere interessiert uns dabei, wie das Geld in der Wirtschaft zirkuliert *(Schaubild 13)*.

Wir sehen auf der linken Seite den Sektor *Private Haushalte* und auf der rechten Seite den Sektor *Unternehmen (Konsum- und Investitionsgüterindustrie)*, in der Mitte den Staat, bestehend aus Bund, Ländern, Gemeinden und Sozialversicherung. Ferner gibt es noch den *Finanziellen Sektor* (Banken, Sparkassen, Bausparkassen, Versicherungen). Die gestrichelten Linien stellen die Einnahmen des Staates dar: Steuern und Sozialabgaben fließen einmal von den privaten Haushalten an den Staat, dann aber auch von den Unternehmen. Die durchgehenden Linien veranschaulichen die Ausgaben des Staates, d. h. die Geldströme, die vom Staat an die privaten Haushalte (Gehälter des Öffentlichen Dienstes und Sozialleistungen) und an die Unternehmen fließen. Dabei unterscheidet man

- den *Staatsverbrauch,* das sind Ausgaben für Konsumgüter (z. B. Uniformen für die Polizei, Büromaterial für die Behörden)

Schaubild 13 Die Rolle des Staates im Geldkreislauf – Vier-Sektoren-Modell
(ohne Wirtschaftsbeziehungen mit dem Ausland)

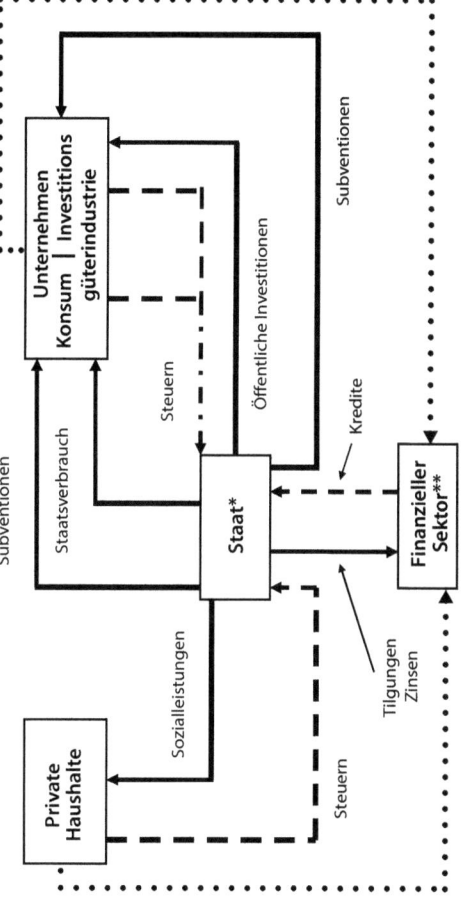

* Bund, Länder, Gemeinden, Sozialversicherung
** Banken, Sparkassen, Bausparkassen, Versicherungen

Quelle: Adam, H., Bausteine der Wirtschaft, 15. Aufl., Wiesbaden 2009, S. 136.

- *öffentliche Investitionen,* das sind Ausgaben zum Bau von Gebäuden (z. B. Schulen, Kindergärten), für Straßen oder Energieversorgung, kurz: für die *Infrastruktur* (= alle Einrichtungen, die Voraussetzung für das Funktionieren von Wirtschaft und Gesellschaft sind)
- *Subventionen,* das sind Ausgaben zur Unterstützung von einzelnen Unternehmen oder ganzen Wirtschaftszweigen.

Um die Geldströme noch zu vervollständigen, sind noch zwei gepunktete Linien eingezeichnet, die vom Sektor Private Haushalte und vom Sektor Unternehmen zum Finanziellen Sektor laufen. Hierbei handelt es sich um die Ersparnisse der privaten Haushalte bzw. diejenigen Gelder, die die Unternehmen weder für Käufe von Waren oder Dienstleistungen, noch für Löhne und Gehälter noch für Steuern und Sozialabgaben ausgeben, sondern die im Unternehmen verbleiben (= unverteilte Gewinne) und die sie im Finanziellen Sektor, also z. B. bei Banken oder Versicherungen, anlegen. Diese haben für das, was wir im Moment erklären wollen, keine Bedeutung. Wir kommen darauf aber später noch mal zurück. Auch sollte der Leser beachten, dass *Schaubild 13* bewusst die Geldströme des Staates mit dem Ausland weglässt (z. B. die Beiträge zu internationalen Organisationen und Zusammenschlüssen wie NATO oder Internationalem Währungsfonds), um es nicht zu sehr zu komplizieren.

Aus *Schaubild 13* lassen sich zwei grundlegende Erkenntnisse gewinnen:

- In der Wirtschaft findet ein ständiger Kreislauf des Geldes statt. Man nennt das Geld- oder Wirtschaftskreislauf.
- Das, was der Staat seinen Bürgern und Unternehmen an Steuern abnimmt, verschwindet nicht auf Nimmerwiedersehen in einem dunklen, schwarzen Loch. Ganz im Gegenteil: Alles fließt wieder an Bürger und Unternehmen zurück, sei es in Form von Sozialleistungen an priva-

te Haushalte, in Form von Subventionen als Unterstützung für Unternehmen oder in Form von Gehältern oder Beamtenbezügen an private Haushalte.
- Auch die Ausgaben für den Staatsverbrauch oder die öffentlichen Investitionen landen über die Unternehmen wieder bei den privaten Haushalten. Denn die Polizeiuniformen werden von Betrieben hergestellt und an den Staat verkauft, die Erlöse aus diesen Verkäufen fließen in Form von Löhnen und Gewinneinkommen an private Haushalte. Auch Schulen, Kindergärten, Straßen oder Energieversorgungseinrichtungen werden vom Staat an Unternehmen der Bauwirtschaft in Auftrag gegeben, von ihm aus den Steuereinnahmen bezahlt, und die Unternehmen der Bauwirtschaft zahlen davon wieder Löhne und Gehälter an ihre Arbeitnehmer und Dividenden und Gewinne an ihre Eigentümer.

Wir sehen:

Letztlich landen alle Steuern in irgendeiner Form wieder in den Taschen der privaten Haushalte!

Sofort wird sich dem Leser eine Frage aufdrängen, nämlich: Bekomme ich denn genau so viel vom Staat wieder zurück, wie ich an Steuern gezahlt habe? Die Antwort müssen wir noch bis zu den nächsten beiden Kapiteln zurückstellen, in denen wir uns damit befassen, was mit den Steuern erreicht werden soll und wer wie viel Steuern aufbringen muss.

Damit können wir dazu übergehen, uns die einzelnen Geldströme, die vom Staat als Ausgaben an die privaten Haushalte und Unternehmen abfließen, genauer anzusehen.

4.2.2 Die Ausgabenstruktur

Schauen wir uns zunächst die Ausgaben des Bundes im Jahr 2012 an *(Tabelle 9)*. Wir unterteilen sie in *Konsumausgaben* (Staatsverbrauch – linke Seite) und *öffentliche Investitionen* (rechte Seite). Die Personalausgaben stellen mit 28,5 Mrd. Euro nur einen vergleichsweise geringen Posten dar. Hierbei ist zu beachten, dass der Staat nicht nur an die gegenwärtig Beschäftigten (Aktive) Gehälter und Dienstbezüge zu leisten hat, sondern auch an die im Ruhestand befindlichen Beamten (Pensionäre). Ähnlich wie in der Privatwirtschaft werden auch im Öffentlichen Dienst zukünftig die Zahl der Pensionäre im Vergleich zu den Aktiven zunehmen. Bei den Personalkosten im öffentlichen Dienst wird es also in den nächsten Jahren nur wenig »Manövriermasse« (Einsparmöglichkeiten) geben, es sei denn, man spart bei den Aktiven weiterhin erheblich ein.

Überraschend niedrig mag dem Leser vielleicht der Posten von 10,7 Mrd. Euro für militärische Beschaffungen vorkommen. Hier hat die Bevölkerung oft ein verzerrtes Bild davon, welche »Unsummen« angeblich die Rüstung verschlingt. Schon lange ist der Verteidigungsetat nicht mehr der größte Posten der staatlichen Ausgaben. Über 40 Prozent des Staatsverbrauchs (113,7 Mrd. Euro) machen demgegenüber die Zuweisungen an die Sozialversicherung aus. Das sollte jetzt nicht als Kritik, sondern als ein Zurechtrücken falscher Vorstellungen aufgefasst werden. Deutschland ist kein Militärstaat, sondern ein Sozialstaat!

In der rechten Spalte von *Tabelle 9* sind die öffentlichen Investitionen aufgelistet. Der größte Teil der Sachinvestitionen sind Baumaßnahmen, hier wiederum der Tiefbau mit 5,6 Mrd. Euro. (*Tiefbau* sind Bauwerke *an oder unter* der Erdoberfläche, im Wesentlichen Verkehrswegebau. Insofern gehören auch Brücken zum Tiefbau. *Hochbau* sind in Abgrenzung vom Tiefbau Baumaßnahmen *über* der Erdoberfläche,

Tabelle 9 Ausgaben des Staates (Bund – Soll-Werte 2012)

Konsum (Staatsverbrauch)*	Mrd. €	Öffentliche Investitionen*	Mrd. €
Personalausgaben	28,5	**Sachinvestitionen**	8,0
▪ Aktive	21,3	▪ Baumaßnahmen	6,5
▪ Pensionäre	7,1	· Hochbau	0,9
		· Tiefbau	5,6
Sachaufwand	23,8	▪ bewegliche Sachen	0,9
▪ Unterhaltung Immobilien	1,3	▪ unbewegliche Sachen	0,6
▪ Militärische Beschaffungen	10,7		
▪ Sonstiges	11,9		
Zinsausgaben	34,2		
Laufende Zuweisungen an	190,3	**Finanzierungshilfen**	27,7
▪ Länder	11,9	▪ an öffentlichen Bereich	5,1
▪ Sondervermögen	5,7		
▪ Unternehmen	25,1	▪ an sonstige Bereiche	22,6
▪ natürliche Pers. (z. B. Renten)	26,9		
▪ Sozialversicherung	113,7		
▪ Sonstige	7,0		
Laufende Rechnung	276,8	**Investive Ausgaben**	35,6

* Rundungsdifferenzen möglich

Quelle: BMF, Finanzplan des Bundes 2012 bis 2016, Bundestags-Drucksache 17/10201, S. 45 ff. (Tabellen 6 und 7).

also die Errichtung von Gebäuden.) Finanzierungshilfen sind Gelder, mit denen Investitionen staatlicher Einrichtungen oder der privaten Wirtschaft unterstützt werden sollen.

Wenden wir uns nun der *Tabelle 10* zu. Sie gibt die *kassenmäßigen Ausgaben* von Bund, Ländern, Gemeinden und Gemeindeverbänden (Gv) und den Sozialversicherungen wieder. Vielleicht nicht auf den ersten, so doch auf den zweiten Blick wird dem Leser auffallen: Die Zahlen für den Bund in *Tabelle 9* stimmen nicht mit denen aus *Tabelle 10* überein. Dafür gibt es mehrere Gründe: Erstens beziehen sich die Zahlen in Tabelle 10 auf das Jahr 2011! (Die Zahlen über die staatlichen Ausgaben lagen in dieser Detailliertheit bei Drucklegung des Buches noch nicht vor). Zweitens enthalten die Ausgaben in *Tabelle 10* zusätzlich die Extrahaushalte der sog. *Sondervermö-*

Sondervermögen sind rechtlich unselbstständige abgesonderte Teile des Bundes- oder Landesvermögens, die der Erfüllung einzelner, abgegrenzter Aufgaben der jeweiligen Gebietskörperschaft dienen und getrennt vom übrigen Vermögen zu verwalten sind. Für Sondervermögen ist eine eigene Wirtschafts-/Rechnungsführung vorgeschrieben (eigener Haushalts- beziehungsweise Wirtschaftsplan, Jahresabschluss). Im Haushaltsplan erscheinen nur noch die Zuführungen an das Sondervermögen und die Ablieferungen des Sondervermögens an Bund beziehungsweise Land. Beispiele für Sondervermögen des Bundes sind das Bundeseisenbahnvermögen, der Energie- und Klimafonds oder das ERP-Sondervermögen (ERP = European Recovery Program = Europäisches Wiederaufbau-Programm). Über Aufgaben und Ausstattung dieser Sondervermögen gibt die vom Bundesfinanzministerium veröffentlichte Vermögensrechnung des Bundes Auskunft. Für das Haushaltsjahr 2011 wurden 19 solcher Sondervermögen ausgewiesen.

Tabelle 10 Ausgaben des Staates[1] Bund, Länder, Gemeinden, Sozialversicherung (2011) Mrd. Euro

	Bund	Soz.vers.	Länder	Gem./Gv	Alle[2]
Staatsverbrauch[2]	**323,2**	**510,8**	**272,5**	**165,2**	**1.071,7**
darunter:					
- Personalausgaben	42,0	17,2	119,1	50,7	228,9
- Sachaufwand	25,2	191,8	38,5	45,1	300,6
- Zinsausgaben	50,1	0,2	21,7	4,7	76,7
- Laufende Zuweisungen[3]	205,9	301,6	93,2	64,6	465,5
Öffentl. Investitionen[2]	**38,6**	**1,2**	**46,9**	**29,4**	**92,3**
darunter:					
Sachinvestitionen[4]	8,7	0,7	11,2	23,6	44,2
Finanzierungshilfen[5]	24,1	0,2	36,2	4,3	64,7
Ausgaben[2] insgesamt	**361,7**	**511,9**	**319,4**	**194,5**	**1.164,0**

1 Vierteljährliche Kassenergebnisse, einschl. Extrahaushalte. – 2 Der Öffentliche Gesamthaushalt ist um Zahlungen zwischen den Ebenen der Gebietskörperschaften (Verrechnungsverkehr) bereinigt und errechnet sich daher nicht als Summe der einzelnen Ebenen. Differenzen in den Summen auch durch Rundungen möglich. – 3 Einschl. übriger laufender Ausgaben abzüglich Zahlungen von gleicher Ebene. – 4 Baumaßnahmen und Erwerb von Sachvermögen – 5 Vermögensübertragungen und Darlehen.

Quelle: Statistisches Jahrbuch des Statistischen Bundesamtes 2012, S. 258.

gen (siehe Kasten), die neben dem Bundeshaushalt geführt werden (siehe Fußnote 1). Insofern müssen die Zahlen in Tabelle 10 andere sein als in Tabelle 9. Drittens handelt es sich bei den Zahlen in *Tabelle 9* um Soll-Zahlen für 2012 aus dem Finanz*plan* des Bundes (siehe Quellenangabe). *Tabelle 10* enthält dagegen die vierteljährlichen Kassenergebnisse (siehe Fußnote 1). Diese weichen in der Regel von den Ist-Zahlen eines Haushaltsjahres ab. Sie stellen die dem Haushaltsjahr zuzurechnenden Ausgaben dar. Die *kassenmäßigen Ausgaben 2011* aus Tabelle 10 enthalten demgegenüber alle Zahlungen, die im Kalenderjahr 2011 geflossen sind, unabhängig davon, ob sie noch dem Haushaltsjahr 2010 zuzurechnen sind oder nicht. So können z. B. 2011 noch Zahlungen geleistet werden für Verpflichtungen, die bereits 2010 eingegangen wurden, die erst 2011 bezahlt wurden. Auch von daher können die Zahlen also nicht übereinstimmen.

Der Leser lasse sich von solchen Feinheiten jedoch nicht

irritieren. Man muss stets die Quellenangaben und die Fußnoten einer Tabelle genau lesen, um zu wissen, um welche Zahlen es sich handelt. Für unsere Zwecke sind die Abweichungen in Tabelle 9 und 10 unwichtig. Wir wollen nämlich nicht die beiden Tabellen miteinander, sondern nur die Spalten in *Tabelle 10* miteinander vergleichen und daran einige grundlegende Tatbestände erklären.

- Erstens fällt auf, dass der weitaus größte Brocken der konsumtiven Ausgaben auf die Sozialversicherung entfällt. Das ist nicht weiter verwunderlich, besteht doch die Aufgabe der verschiedenen Zweige der Sozialversicherung darin, Sozialleistungen in Form von Sachaufwand (das sind z. B. Medikamente und sonstige Heilmittel der Krankenversicherung) und Geldleistungen wie Renten u. Ä. zu erbringen (das vor allem verbirgt sich hinter den laufenden Zuweisungen der Sozialversicherung).
- Ferner haben die Länder die höchsten Personalausgaben. Auch das liegt in der Natur der Sache. Die Ausführung der meisten Gesetze ist Ländersache. Folglich brauchen auch sie dafür das meiste Personal. Das erklärt auch, warum die Ländervertretungen bei den Tarifverhandlungen des öffentlichen Dienstes ein gewichtiges Wort mitreden, sind die Personalkosten doch vor allem von ihnen zu finanzieren.
- Vielen ist wahrscheinlich auch nicht bewusst, dass die meisten öffentlichen Investitionen ebenfalls bei den Ländern, zu einem Großteil aber auch bei den Gemeinden anfallen. Die meisten haben, wenn sie an öffentliche Investitionen denken, den Bau von Autobahnen im Blick, für den der Bund zuständig ist. Aber die Universitäten wiederum sind Ländersache, Kindertagesstätten Angelegenheit der Kommunen.

Diese Hinweise verfolgen nicht das Ziel, dem Leser bloßes

Schaubild 14 Staatsausgaben in volkswirtschaftlicher Systematik (ohne Zinsausgaben)

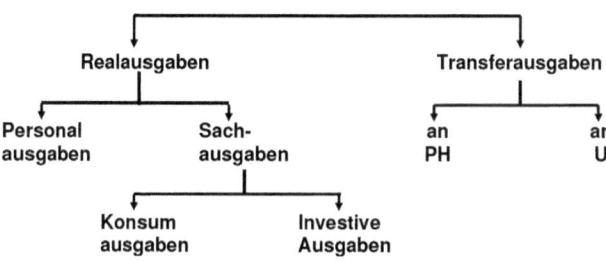

Quelle; Bajohr, S., Grundriss Staatliche Finanzpolitik, 2. Aufl., Wiesbaden 2007, S. 60.

Faktenwissen zu vermitteln. Die Aufgabenverteilung zwischen Bund, Ländern und Gemeinden und die Struktur der öffentlichen Ausgaben sind häufig eine Erklärung dafür, warum sich politische Projekte sehr lange hinziehen und mitunter sogar scheitern. Im komplizierten Räderwerk des föderalen Staatsaufbaus mit seinen finanziellen Verflechtungen knirscht es mitunter heftig. Für jeden Politik-Interessierten ist es daher ungeheuer wichtig, die grundlegenden Zusammenhänge der Steuer- und Finanzpolitik zu kennen. Dann erschließen sich manche Vorgänge in der Politik leichter.

Bevor wir nun überleiten zur Übersicht über die Staatsausgaben nach Aufgabenbereichen wollen wir noch einen zusammenfassenden Blick auf *Schaubild 14* werfen, das die Staatsausgaben (ohne Ausgaben für Zinsen) noch einmal systematisch nach volkswirtschaftlichen Gesichtspunkten darstellt:

- Zu den *Realausgaben* gehören die Personalausgaben für den öffentlichen Dienst einschl. der Soldaten, Sozialversicherungsbeiträge (für die Angestellten des öffentlichen Dienstes, die Beihilfeleistungen (Ausgaben für Gesund-

heitsleistungen der Beamten) und die Pensionen für Ruheständler.
- *Sachausgaben* sind alle Ausgaben, die weder Transferleistungen noch Personalausgaben sind. Die Trennung nach Konsum- und Investitionsausgaben ist fließend, weil die Definition von öffentlichen Investitionen in Wissenschaft und Politik kontrovers diskutiert wird. Insbesondere geht es dabei um die Frage, ob Bildungsausgaben Konsumausgaben oder Investitionen sind. Ist die Besoldung eines beamteten Lehrers eine Investition in die Zukunft eines Landes (gute Ausbildung der Kinder sorgt für Wirtschaftswachstum in der Zukunft) oder nur eine Konsumausgabe wie das Gehalt eines Museumswächters? Unbestritten ist dagegen: Der Bau einer Schule ist eine Investition.
- *Transferausgaben* sind Geldzuwendungen (im Fachjargon Einkommensübertragungen), die das Verteilungsergebnis des Marktes nach politischen Maßstäben korrigieren soll. Wenn sie privaten Haushalten zufließen, handelt es sich beispielsweise um Kindergeld, Wohngeld oder um die gesamten Leistungen aus der gesetzlichen Sozialversicherung. Man spricht auch kurz von *Sozialleistungen*. Fließen sie privaten Unternehmen zu, handelt es sich um *Subventionen*.

Über die Sozialleistungen und ihre Entwicklung informiert der vom Bundesministerium für Arbeit und Sozialordnung in unregelmäßiger Folge herausgegebene *Sozialbericht*. Die Subventionen und ihre Entwicklung werden im alle zwei Jahre vom Bundesministerium für Wirtschaft herausgegebenen *Subventionsbericht* dargestellt.

Die Ausgaben für Zinsen (den Schuldendienst) stellen eine dritte Kategorie der Staatsausgaben dar. Wir haben sie in *Schaubild 14* der weggelassen, weil zum komplexen Thema Staatsverschuldung umfangreichere Ausführungen gemacht werden müssten. Wir kommen aber im nächsten Unterabschnitt noch einmal darauf zurück.

4.2.3 Die Staatsausgaben nach Aufgabenbereichen

Vielfach werden die Staatsausgaben als Kuchen dargestellt. Die unterschiedlich großen, einzelnen Tortenstücke zeigen, wie viel Prozent der Staatsausgaben auf die einzelnen Aufgabenbereiche entfallen.

In *Schaubild 15* sind die Ausgabepositionen des Bundeshaushalts 2012 nach Ausgabebereichen dargestellt. Danach entfallen von Gesamtausgaben in Höhe von 306,2 Mrd. Euro

- 126,5 Mrd. Euro (41,3 %) auf Sozialausgaben
- 38,3 Mrd. Euro (12,5 %) auf Zinsausgaben für Kredite des Bundes

Schaubild 15 Ausgabenstruktur des Bundeshaushalts 2012

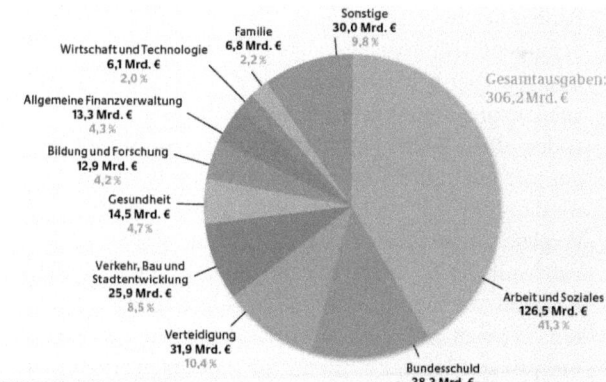

*Zahlen wurden auf die erste Nachkommastelle gerundet. Abweichungen entstehen durch Rundungsdifferenzen.

Quelle: BMF (Hrsg.), Auf den Punkt: Bundeshaushalt 2012, Ausgabe 3/2011.

- 31,9 Mrd. Euro (10,4 %) auf Verteidigung
- 25,9 Mrd. Euro (8,5 %) auf Verkehr, Bau- und Stadtentwicklung.

Andere Positionen wie Gesundheit (4,7 %), Bildung und Forschung (4,2 %), Wirtschaft und Technologie (2,0 %) und Familie (2,2 %) sind angesichts der Größenordnung der Gesamtausgaben von untergeordneter Bedeutung. Rechnet man die Ausgaben für Familie und Gesundheit noch den Sozialausgaben dazu, kommt man auf fast 50 Prozent des Bundeshaushalts, die für soziale Aufgaben ausgegeben werden. Daraus wird deutlich erkennbar, welchen Schwerpunkt der Staat bei seinen Ausgaben setzt.

Die Zinsausgaben dürften mit einem Anteil von 12,5 Prozent auf den ersten Blick hoch erscheinen. Doch hierbei ist dreierlei zu berücksichtigen:

- Die Zinsen sind das Entgelt für die Schulden, die der Bund aufgenommen hat. Damit hat er Investitionsausgaben finanziert, insbesondere Projekte, von denen auch noch die nachfolgende Generation Nutzen hat (z. B. Verkehrswege, Bauten für Bundesbehörden). Wäre er nicht den Weg über Schuldenfinanzierung gegangen, hätten in einem oder nur wenigen Haushaltsjahren immense Steuermittel für Infrastrukturprojekte aufgebracht werden müssen. Aber warum sollen allein Eltern beispielsweise für Autobahnen bezahlen, die auch ihre Kinder und Enkelkinder noch nutzen werden?
- Vergleicht man Zinsen von 12,5 Prozent des Gesamthaushalts mit der Schuldenlast, die ein privater Haushalt im Regelfall auf sich nimmt, um ein Eigenheim zu finanzieren, nehmen sich die Zinsen des Staates bescheiden aus. Ein privater Haushalt nimmt für sein Eigenheim oft eine Belastung von 30 bis 40 Prozent seines Budgets auf sich.

Auch private Unternehmen finanzieren ihre langfristigen Investitionen, etwa den Bau von Zweigwerken, über Kredite, eben weil sich auch deren Nutzung über Jahrzehnte hinzieht. Ebenso handelt der Staat vernünftig und wirtschaftlich, wenn er seine langfristigen investiven Sachausgaben über Kredite finanziert.
- Die Zinsen kommen denjenigen zugute, die dem Staat Geld geliehen haben. Das sind zum einen Privatbürger, die einen Teil ihres Vermögens in Staatsanleihen angelegt haben, zum anderen Banken und Versicherungen, die für einen Teil ihrer Kundeneinlagen (bei den Versicherungen sind das die monatlichen Prämien, etwa für eine Lebensversicherung) Zins bringend Staatsanleihen erworben haben. Auch von den von Versicherungen und Banken gehaltenen Staatsanleihen profitieren letztlich die Privatbürger. Denn die Versicherungen können die versprochenen Leistungen (Lebensversicherungssummen) nur erbringen, wenn sie die monatlichen Prämien ihrer Kunden sicher und verzinslich anlegen. Auch die Banken können die Zinsen auf die Sparbriefe und Sparbücher ihrer Kunden nur bezahlen, wenn sie für die Einlagen Zinsen erwirtschaften.

Nun könnte man dem entgegenhalten, dass nur reiche Bürger, die Vermögen haben, Staatsanleihen kaufen, Lebensversicherungen abschließen und langfristige Sparbriefe bei den Banken kaufen können, die Zinsen für die Staatsschulden also ausschließlich den vermögenden privaten Haushalten zufließen. Das ist richtig! Aber woraus werden die Zinsen bezahlt? Aus den Steuereinnahmen. Und wer bringt die Steuern auf? Da sind wir wieder bei der doppelten Frage, wer vor allem die Steuerlast trägt und wem die Staatsausgaben zugutekommen. Die Antwort auf diese Fragen sollen in Kapitel 6 des Buches gegeben werden.

Damit wollen wir den Unterabschnitt abschließen, in dem

wir uns vorwiegend mit der Struktur der Staatsausgaben befasst haben.

4.3 Die Staatsquote

So wie wir bei den Steuern ihr Aufkommen absolut, aber auch relativ – bezogen auf das Bruttoinlandsprodukt – betrachtet haben (siehe Kap. 2.3), so werden wir uns jetzt auch die Staatsausgaben entsprechend ansehen.

4.3.1 Höhe und Entwicklung

In *Schaubild 16* sehen wir, wie sich die Staatsausgaben einschließlich der Ausgaben der Sozialversicherung von 1950 bis 2012 entwickelt haben. Die Zahlen sind auch für die Jahre, als noch die D-Mark galt, in Euro umgerechnet.

Mit Ausnahme der Jahre 2000, 2004 und 2011 sind die Staatsausgaben von Jahr zu Jahr gestiegen. Das Jahr 1995 sticht in *Schaubild 16* durch einen besonders starken Anstieg hervor.

Treuhandanstalt

Die Treuhandanstalt, kurz auch *Treuhand* genannt, war eine öffentliche Einrichtung, die nach der Wiedervereinigung die volkseigenen Betriebe der ehemaligen DDR übernommen hatte. Ihre Aufgabe war, die Betriebe nach und nach an Private zu verkaufen. Die Erlöse aus diesen Verkäufen blieben jedoch mager und deckten bei weitem nicht die Kosten, die in den Betrieben in der Übergangszeit erwirtschaftet wurden. Die bei der Treuhand aufgelaufenen Schulden wurden aus dem Bundeshaushalt getilgt.

Schaubild 16 Entwicklung der Staatsausgaben: Bund, Länder, Gemeinden, Sozialversicherung 1950–2012

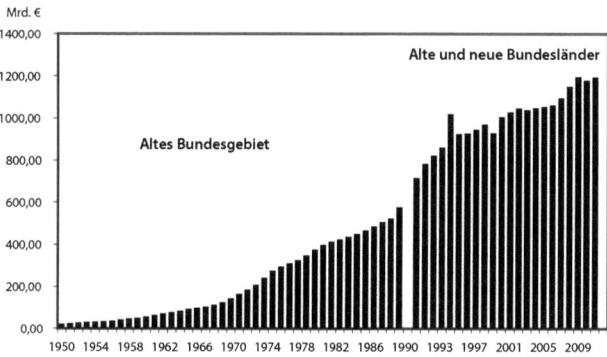

Quelle: Statistisches Bundesamt, Volkswirtschaftliche Gesamtrechnung, Fachserie 18, Reihe S. 15, Wiesbaden 1990, S. 83 und Reihe 1.5, Wiesbaden 2012, S. 41.

Das hat jedoch einen besonderen Grund: In diesem Jahr wurden die Altschulden der Treuhandanstalt (siehe Kasten) und eines Teils der ostdeutschen Wohnungsunternehmen von den öffentlichen Haushalten übernommen, was zu entsprechenden einmaligen Ausgaben führte. Der große Ausgabensprung 1991 erklärt sich aus der Einbeziehung der neuen Bundesländer in die Staatsausgabenstatistik.

Beim Rückgang der Staatsausgaben 2000 handelt es sich ebenfalls um eine Sonderentwicklung. In diesem Jahr hat der Bund über die Regulierungsbehörde für Telekommunikation und Post, die heutige *Bundesnetzagentur*, die UMTS-Lizenzen (UMTS = Universal Mobile Telecommunications Systems → erlaubt, Datenmengen mit einer höheren Geschwindigkeit zu übermitteln) für die Nutzung von Frequenzblöcken an Mobilfunkanbieter verkauft. Die Erlöse in Höhe von 99,4 Mrd. Euro werden in der Statistik mit den Staatsausgaben verrechnet, mindern also die Staatsausgaben. 2004 spiegelt sich im leichten Rückgang der Staatsausgaben eine Reihe von Kür-

Schaubild 17 Entwicklung der Staatsquote[1] in Deutschland[2]

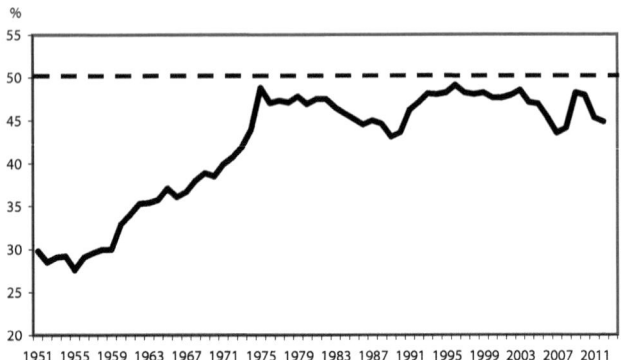

1 Anteil der Staatsausgaben am BIP in %. - 2 Bis 1990 altes Bundesgebiet, ab 1991 alte und neue Bundesländer.
Quelle: Statistisches Bundesamt.

zungen wider: Bei der Gesetzlichen Krankenversicherung wurden Leistungseinschränkungen vorgenommen, bei den öffentlichen Investitionen wurden Abstriche gemacht, im öffentlichen Dienst fanden Personaleinsparungen und Kürzungen bei den Sonderzahlungen statt.

So wie bei den Steuereinnahmen kann man allein aus der absoluten Höhe der Staatsausgaben keine Schlussfolgerungen ziehen. Wichtig ist deshalb, eine statistische Größe heranzuziehen, die in der öffentlichen und wissenschaftlichen Diskussion eine große Rolle spielt: die sog. *Staatsquote*. Sie bezieht die Staatsausgaben auf das Bruttoinlandsprodukt, drückt also aus, wie viel Prozent des Bruttoinlandsprodukts auf die Staatsausgaben entfallen.

Schaubild 17 zeigt die Staatsquote in ihrem zeitlichen Verlauf seit 1951. Wir erkennen einen kontinuierlichen Anstieg bis Mitte der siebziger Jahre (1975: 48,8 %), dann einen Rückgang bis zur Wiedervereinigung (1989: 43,1 %), unmittelbar danach wieder einen Anstieg bis zum bisherigen Höchststand

Schaubild 18 Staatsquoten¹ im internationalen Vergleich

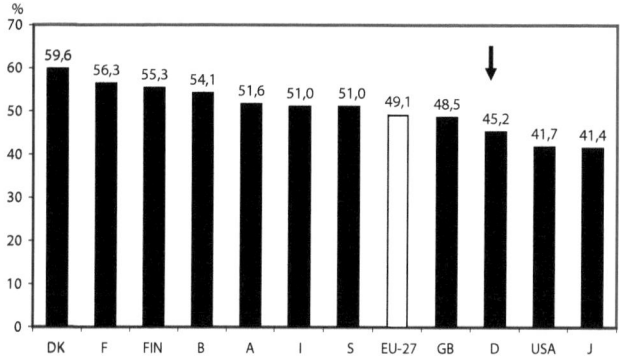

1 Staatsausgaben in Prozent des Bruttoinlandsprodukts
Quelle: EU-Kommission, Statistischer Anhang der Europäischen Wirtschaft (Stand: November 2012).

in der Geschichte der Bundesrepublik (1996: 49,1 %). Seitdem ist sie in der Tendenz wieder gefallen: 2012 lag sie bei 44,8 Prozent.

Es fällt auf, dass sie zu keinem Zeitpunkt die »magische Grenze« von 50 Prozent überschritten hat. Es scheint so, als ob die deutsche Politik die Marke von 50 Prozent nicht überschreiten will, würde das doch bedeuten: Mehr als die Hälfte des Bruttoinlandsprodukts fließt durch die Hände des Staates. Ein »ökonomisches Gesetz«, wonach die Wirtschaft mit einem derart hohen Staatsanteil nicht mehr funktionieren würde, gibt es jedoch nicht. Denn zahlreiche Länder haben weitaus höhere Staatsquoten als Deutschland. Im Durchschnitt der 27 EU-Staaten liegt die Staatsquote 2012 bei 49,1 Prozent. Am höchsten war sie mit 59,6 Prozent in Dänemark, gefolgt von 56,3 Prozent in Frankreich und 55,3 Prozent in Finnland. Schweden, das 1995 noch eine Staatsquote von 65 Prozent aufwies, hat sie im Lauf der 2000er Jahre um 14 Prozentpunkte reduziert und liegt 2012 bei 51 Prozent. Relativ geringe Staatsquoten haben seit jeher die USA und Japan *(Schaubild 18)*. Die USA deshalb, weil sie von ihrer grundsätzlichen Einstellung gegenüber dem Staat keinen höheren Anteil am Bruttoinlandsprodukt wünschen, sondern es vorziehen, der privaten Wirtschaft einen größeren Spielraum zu lassen. In Japan ist der Staatsanteil vergleichsweise niedrig, weil die soziale Absicherung dort zum überwiegenden Teil über die Familie erfolgt, der Sozialstaat also nicht in dem Umfang staatlich organisiert ist wie in Europa. Das leitet über zur Frage: Wie setzt sich die Staatsquote nach den beiden Bestandteilen »Staatsausgaben im engeren Sinne« (= Ausgaben der Gebietskörperschaften Bund, Länder und Gemeinden) und »Sozialausgaben« (im Sine der Ausgaben der Sozialversicherung) zusammen?

4.3.2 Zusammensetzung der Staatsquote

Betrachten wir dazu *Schaubild 19*. Es zeigt, wie sich die Staatsquote, aufgeteilt nach dem Anteil der Ausgaben der Gebietskörperschaften Bund, Länder und Gemeinden und dem Anteil der Sozialversicherung am Bruttoinlandsprodukt, langfristig entwickelt hat. Es lässt sich erkennen: Der Anteil der Sozialversicherung war in den fünfziger Jahren noch sehr gering, ist jedoch von 1970 bis 1975 deutlich angewachsen. Das ist auch das Jahr, in dem die Staatsquote im engeren Sinn (= Ausgabenanteil der Gebietskörperschaften am Bruttoinlandsprodukt) bislang am höchsten war. Die Ausgaben der Sozialversicherung haben jedoch den größeren Beitrag zum Anstieg der Staatsquote geleistet. Diese war insgesamt seit 1975 wieder rückläufig, was auf einen Rückgang des Anteils der Ausgaben der Gebietskörperschaften zurückzuführen ist. Mit der Wiedervereinigung wächst die Staatsquote wieder, dabei insbesondere der Anteil der Sozialversicherungsausgaben.

Insgesamt lässt sich daher folgende Aussage treffen: Die

Staatsquote ist langfristig, vor allem seit 1960, deshalb so stark gewachsen, weil der Anteil der Ausgaben der Sozialversicherung bis 1975 und dann wieder nach der Wiedervereinigung deutlich gestiegen ist. Dies ist ein Indiz dafür, dass

- der Wohlfahrtsstaat vor allem von 1960 bis 1975 erheblich ausgebaut wurde, was sich in dem höheren Anteil der Sozialversicherungsausgaben am Bruttoinlandsprodukt (BIP) niederschlägt.
- im Zuge der Wiedervereinigung die Ausgaben der Sozialversicherung stark ausgeweitet wurden, um die durch den wirtschaftlichen Zusammenbruch der ehemaligen DDR ausgelösten sozialen Probleme (hohe Arbeitslosigkeit) aufzufangen.

Der Leser bedenke zudem, dass die Ausgaben der Sozialversicherung, also von Renten-, Kranken-, Arbeitslosen- und Pflegeversicherung, nicht die alleinigen Sozialausgaben des Staates sind. Ein Teil der Sozialausgaben verbergen sich auch in

Schaubild 19 Die Staatsquote: Anteil der Ausgaben der Gebietskörperschaften und der Sozialversicherung am BIP

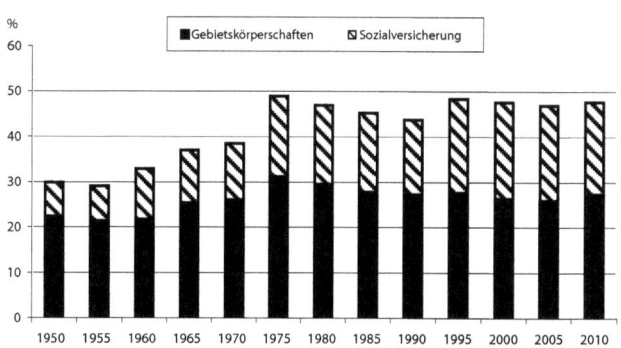

Quelle: BMF-Monatsbericht 12/2012. Für 1950 und 1955 eigene Berechnungen.

den Ausgaben der Gebietskörperschaften, nämlich alle Sozialleistungen, die nicht aus Beiträgen an die Sozialversicherung finanziert werden, also etwa Kindergeld, Wohngeld, Bafög-Leistungen usw.

Dies ist im Übrigen auch die spiegelbildliche Entwicklung der Entwicklung der Sozialabgabenquote, die wir in *Schaubild 9* dargestellt haben. Während die Steuerquote *(Schaubild 5)* über die Jahre relativ konstant war, stieg die Sozialabgabenquote *(Schaubild 9)* an.

Hier werden Schwerpunktsetzungen der Politik sichtbar: Die Belastung der Bürger mit Steuern soll offensichtlich nicht wachsen. Höhere Sozialabgaben werden jedoch in Kauf genommen. Es ist noch zu früh, an dieser Stelle schon die wirtschaftlichen und politischen Konsequenzen dieser Schwerpunktsetzung zu diskutieren. Zuvor müssen wir uns mit der im nächsten Kapitel aufgeworfenen Frage befassen, was mit Steuern eigentlich erreicht werden soll.

5 Was soll mit den Steuern erreicht werden?

Schon im ersten Kapitel dieses Buches hatten wir auf die Frage, was mit der Erhebung von Steuern erreicht werden soll, eine vorläufige Antwort gegeben:

Die Bürger eines Landes mit 80 Millionen Einwohnern wie Deutschland brauchen einen gemeinsamen Topf mit Mitteln, aus denen die Güter und Dienstleistungen finanziert werden, die allen zugutekommen. Um diesem gemeinsamen Topf finanzielle Mittel zuzuführen, werden Zwangsabgaben ohne Anspruch auf Gegenleistung, die Steuern, erhoben.

Aber wie viele Güter und Dienstleistungen, die allen zugutekommen, sollen über die Erhebung von Steuern bereit gestellt werden? Sollen es nur die Kollektivgüter im engeren Sinne sein (siehe dazu noch mal *Schaubild 1*), von deren Nutzung niemand ausgeschlossen werden kann? Oder ist es wünschenswert, darüber hinaus noch Steuern zu erheben und damit Güter bereit zu stellen, von deren Nutzung aus gesellschaftspolitischen Gründen niemand ausgeschlossen werden soll (= meritorische Güter)?

Damit kommen wir zu der politisch höchst kontroversen Frage:

Welche Aufgaben soll der Staat in Wirtschaft und Gesellschaft übernehmen?

Je nachdem, welche Aufgaben jemand dem Staat zuerkennt und welche Leistungen man von ihm erwartet, wird man auf eine andere Einstellung zu Steuern und Steuerpolitik treffen. Die Erwartungen an den Staat und seine Aufgaben sind unterschiedlich. Es gibt nur einen kleinen Bereich von Staatsaufgaben, der unstrittig ist. Den wollen wir zuerst behandeln. Anschließend befassen wir uns mit dem kontrovers diskutierten Bereich von Staatsaufgaben.

5.1 Die unstrittigen Aufgaben des Staates

Menschen verfolgen unterschiedliche Ziele und haben jeweils eigene Interessen. Deshalb wird jedes menschliche Zusammenleben in einer Gesellschaft von Konflikten geprägt. Um diese Konflikte friedlich auszutragen und zu verhindern, dass die Menschen mit Fäusten aufeinander einschlagen, bedarf es Spielregeln, die von der überwiegenden Mehrheit der Mitglieder einer Gesellschaft freiwillig akzeptiert und befolgt werden. Eine kleine Minderheit, die die Spielregeln verletzt, wird durch die Staatsmacht dazu gezwungen, sie einzuhalten.

Ersetzen wir jetzt das Wort »Spielregeln« durch »Gesetze« und das Wort »Staatsmacht« durch Polizei, kommen wir zu den Kernaufgaben eines Staates:

- Der Staat muss für die Einhaltung der Gesetze sorgen. Dafür steht ihm ein Polizeiapparat zur Verfügung. Die Polizei hat das alleinige Recht, im Rahmen ihres gesetzlichen

Auftrags körperliche Gewalt auszuüben (= Monopol der physischen Gewaltanwendung).
- Ein Rechtsstaat braucht eine unabhängige Gerichtsbarkeit. Sie ahndet nicht nur Verstöße der Bürger gegen die Gesetze, sondern überprüft auch die Rechtmäßigkeit staatlichen Handelns, seiner Verwaltung und seiner Polizei.
- Staaten müssen gegebenenfalls ihre Bürger vor Übergriffen anderer Staaten schützen. Für diesen Zweck werden militärische Einrichtungen und eine Armee unterhalten.

Fasst man diese drei Punkte zusammen, könnte man formulieren: Eine Gesellschaft braucht zumindest so viel Staat in Form von Verwaltung, Polizei, Militär und Gerichtsbarkeit, dass er in der Lage ist, den *inneren und äußeren Frieden des Landes* zu sichern. Einen Staat, der sich nur dieser Minimalaufgaben annimmt, nennt man *Nachtwächterstaat*. Er braucht logischerweise nur wenig Steuern.

Über diese Minimalaufgaben des Staates sind sich alle politischen Kräfte in einer demokratischen Gesellschaft einig. Kontrovers wird es jedoch, sobald es um folgende Grundsatzfrage geht:

Ob und inwieweit soll der Staat seine Tätigkeit über die Minimalaufgaben eines Nachtwächterstaates hinaus erweitern?

Hier scheiden sich die Geister. Hinter den unterschiedlichen Positionen stecken

- gegensätzliche Vorstellungen über die Natur des Menschen
- daraus abgeleitet verschiedene Erwartungen an den Staat und seine Leistungen
- und daraus wiederum abgeleitet kontroverse Konzepte, wie hoch die Steuern sein sollen und was man mit ihnen erreichen kann.

Da der Umfang und die Höhe der Steuern davon abhängen, welche Aufgaben der Staat erfüllen soll, ist zu fragen: Was liegt den Aufgaben, die dem Staat zuerkannt werden, zugrunde? Im nächsten Unterabschnitt wollen wir dieser Frage nachgehen.

5.2 Die kontrovers diskutierten Aufgaben des Staates

Wer mit einem anderen darüber diskutiert, was der Staat machen und was er besser lassen soll, wird schnell feststellen: Die Menschen haben unterschiedliche Vorstellungen darüber, was für *den* Menschen »gut« ist und seine Interessen fördert, und was für *den* Menschen »ungünstig« ist und seinen Interessen zuwiderläuft.

5.2.1 Grundsätzliches: Staatsaufgaben und Menschenbild

Am besten lassen sich die zwei konträr entgegen gesetzten Menschenbilder durch einen Vergleich von zwei Passagen aus den Verfassungen Deutschlands und Schwedens veranschaulichen.

In Schwedens Verfassung heißt es im Kapitel I, § 2:

»Die persönliche, wirtschaftliche und kulturelle Wohlfahrt des einzelnen hat das primäre Ziel der öffentlichen Tätigkeit zu sein. Insbesondere obliegt es dem Gemeinwesen, insbesondere das Recht auf Arbeit, Wohnung und Ausbildung zu sichern sowie die Sozialarbeit und soziale Sicherheit sowie für gute Bedingungen für die Gesundheit zu fördern.« [Verfassung (1. Teil: Regierungsform) des Königreiches Schwedens, http://www.verfassungen.eu/sw/index.htm]

Demgegenüber steht in Artikel 20, Abs. 1 des Grundgesetzes der Bundesrepublik Deutschland lapidar:

»Die Bundesrepublik Deutschland ist ein demokratischer und sozialer Bundesstaat.«

Die schwedische Verfassung drückt aus: Die persönliche, wirtschaftliche und kulturelle *Wohlfahrt des einzelnen ist Ziel des Staates* (der öffentlichen Tätigkeit). Im nachfolgenden Satz wird dann noch konkretisiert, was vor allem unter »Wohlfahrt des einzelnen« zu verstehen ist: Recht auf Arbeit, Wohnung und Ausbildung, soziale Sicherheit, Bedingungen für gute Gesundheit. Dabei handelt es sich um soziale Grundrechte der schwedischen Bürger. Und das Wort »sichern« bzw. »Sicherheit« als Pflicht des Staates kommt gleich zweimal in diesem Satz vor.

Das deutsche Grundgesetz nimmt den Staat dagegen nicht in die Pflicht, sondern spricht nur lapidar von einem sozialen Bundesstaat, ohne auszuführen, was darunter zu verstehen ist. Das hat historische Gründe: Der parlamentarische Rat, die Verfassung gebende Versammlung, die 1948/49 das Grundgesetz für die Bundesrepublik Deutschland ausgearbeitet hat, konnte sich nicht darüber einigen, welche Wirtschafts- und Sozialordnung in der Verfassung verankert werden sollte. Deshalb verständigte man sich auf den kleinsten gemeinsamen Nenner: Man ließ diese Grundsatzfrage offen. Diese »Lösung« war einigungsfähig, weil beide Seiten glaubten, die erste Bundestagswahl zu gewinnen und dann die ihren Vorstellungen gemäße Wirtschafts- und Sozialordnung verwirklichen zu können.

Das Wort »sozial« kommt nur zweimal im gesamten Grundgesetz vor: im eben erwähnten Artikel 20 (2) GG und im Artikel 28 (1) GG, dessen erster Satz lautet:

»Die verfassungsmäßige Ordnung in den Ländern muss den Grundsätzen des republikanischen, demokratischen und sozialen Rechtsstaates im Sinne dieses Grundgesetzes entsprechen.«

Daraus folgt:

Es gibt in Deutschland keine Verfassungsregel, aus der sich ableiten lässt, ob und in welchem Umfang der Staat für das Wohlergehen des einzelnen zu sorgen hat. Das festzulegen bleibt der jeweiligen politischen Mehrheit überlassen.

Welches Menschenbild liegt dagegen der schwedischen Verfassung zugrunde? Bei ihr ist das relativ eindeutig:

Ob es dem Einzelnen gut geht, liegt nicht allein in der Hand des Individuums. Das wirtschaftliche und soziale Wohlergehen hängt auch und vor allem von den wirtschaftlichen und gesellschaftlichen Bedingungen ab, unter denen er lebt. Deshalb ist vor allem der Staat dafür verantwortlich, dass es jedem einzelnen Bürger gut geht, indem er für Vollbeschäftigung (Recht auf Arbeit), Wohnung, Ausbildung, soziale Sicherheit und Gesundheit sorgt.

Wir können dieses Prinzip, das nicht allein auf die Eigenverantwortung des Menschen setzt, sondern den Staat, d.h. die Gemeinschaft bzw. die gesamte Gesellschaft, als verantwortlich für das Wohlergehen des Menschen ansieht, als *Prinzip der gesellschaftlichen Verantwortlichkeit* oder auch schlicht als *Solidarprinzip* bezeichnen. Daraus folgt: Der Staat hat Aufgaben, die weit über die eines bloßen Nachtwächterstaates hinaus reichen. Der moderne Sozial- und Wohlfahrtsstaat mit seinem umfangreichen sozialen Netz findet in diesem Prinzip seine Rechtfertigung. Um diese Erwartungen erfüllen zu können, braucht der Staat umfangreiche Steuereinnahmen.

Dem steht das *Prinzip der individuellen Verantwortlichkeit*

Tabelle 11 Menschenbild, Staatsaufgaben und Steuern

Menschenbild	Staatsaufgaben	Steuern
Individuelle Verantwortlichkeit: Jeder Mensch ist für sich selbst verantwortlich	Der Staat muss den inneren und äußeren Frieden sichern und die individuellen Rechte des Einzelnen garantieren.	Niedrige Steuern zur Finanzierung der staatlichen Ordnungsaufgaben (Staatliche Bürokratie, Polizei, Militär, Gerichte)
Gesellschaftliche Verantwortlichkeit/Solidarprinzip: Der Staat/die Gesellschaft ist für das Wohlergehen jedes Einzelnen verantwortlich	Der Staat muss die sozialen Grundbedürfnisse wie Arbeit, Wohnung, Bildung, soziale Sicherheit und Gesundheit für alle gewährleisten.	Hohe Steuern zur Finanzierung eines universellen sozialen Sicherungssystems und zur Steuerung der Wirtschaftsprozesse.

gegenüber. Danach ist nicht der »gute und wohlwollende Vater Staat« für das Wohlergehen der Menschen verantwortlich, sondern jeder Einzelne für sich selbst. Am besten kommt dieses Verständnis von der Eigenverantwortlichkeit des Menschen im Sprichwort »Jeder ist seines Glückes Schmied« zum Ausdruck. Die Fürsorge des Staates wird als Gängelung, als Eingriff in die Privatsphäre empfunden. *Tabelle 11* fasst die gegensätzlichen Menschenbilder, die daraus folgenden Aufgaben des Staates und die daraus ableitbare erforderliche Höhe der Steuern zusammen.

Nach diesen Erläuterungen des grundsätzlichen Zusammenhangs zwischen Menschenbild, Staatsaufgaben und Steuerhöhe können wir uns näher mit den Staatsaufgaben in Deutschland befassen.

5.2.2 Staatsaufgaben in Deutschland

Da die Wirtschafts- und Sozialordnung im deutschen Grundgesetz nicht festgelegt wurde, bestimmen die jeweiligen politischen Mehrheiten in Bundestag und Bundesrat sowie das Bundesverfassungsgericht darüber, welche Aufgaben dem Staat zukommen. Das Bundesverfassungsgericht ist zwar keine Instanz, die von sich aus, d.h. aus eigener Initiative, Recht setzen kann. Es prüft jedoch die von Bundestag und Bundesrat verabschiedeten Gesetze auf deren Vereinbarkeit mit dem Grundgesetz, wenn es dazu angerufen wird. Indem es die Verfassungsmäßigkeit von Gesetzen überprüft, interpretiert das Bundesverfassungsgericht das Grundgesetz.

Zur Wirtschafts- und Sozialordnung hat das Bundesverfassungsgericht bereits in den fünfziger Jahren des vorigen Jahrhunderts grundlegende Entscheidungen getroffen. So urteilte es 1954 zur Wirtschaftsordnung:

»Das Grundgesetz garantiert weder die wirtschaftspolitische Neutralität der Regierungs- und Gesetzgebungsgewalt noch eine nur mit marktkonformen Mitteln zu steuernde ›soziale Marktwirtschaft‹. Die ›wirtschaftspolitische Neutralität‹ des Grundgesetzes besteht lediglich darin, dass sich der Verfassungsgeber nicht ausdrücklich für ein bestimmtes Wirtschaftssystem entschieden hat.
Dies ermöglicht dem Gesetzgeber, die ihm jeweils sachgemäß erscheinende Wirtschaftspolitik zu verfolgen, sofern er dabei das Grundgesetz beachtet. Die gegenwärtige Wirtschafts- und Sozialordnung ist zwar eine nach dem Grundgesetz mögliche Ordnung, keineswegs aber die allein mögliche.« ...
(Investitionshilfeurteil vom 20.07.1954. – BverfGE 4, 7 ff.)

Damit hat das Bundesverfassungsgericht dem Gesetzgeber einen weit reichenden Spielraum in der Wirtschaftspolitik eingeräumt. Auch zum Sozialstaatsprinzip hat das Bundesverfassungsgericht Aussagen getroffen:

Der Staat hat die Pflicht, »für einen Ausgleich der sozialen Gegensätze und damit für eine gerechte Sozialordnung zu sorgen.« (BVerfGE 22, 180, 204)

»Das Gebot des sozialen Rechtsstaates ist in besonderem Maße auf einen Ausgleich sozialer Ungleichheiten zwischen den Menschen ausgerichtet und dient zuvörderst der Erhaltung und Sicherheit der menschlichen Würde, dem obersten Grundsatz der Verfassung.« (BVerfGE 35, 348, 355 f.)

»Darüber hinaus entnimmt die freiheitliche demokratische Grundordnung dem Gedanken der Würde und Freiheit des Menschen die Aufgabe, auch im Verhältnis der Bürger untereinander für Gerechtigkeit und Menschlichkeit zu sorgen ... es (das Sozialstaatsprinzip) soll schädliche Auswirkungen schrankenloser Freiheit verhindern und *die Gleichheit fortschreitend bis zu dem vernünftigerweise zu fordernden Maße verwirklichen.*« (KPD-Verbotsurteil vom 17.08.1956, BverfGE 5, 85, 206 – Hervorhebung von mir, H. A.)

Das Bundesverfassungsgericht verpflichtet den deutschen Staat somit zum Ausgleich sozialer Ungleichheiten zwischen den Menschen und fordert ihn auf, die Gleichheit fortschreitend bis zu dem vernünftigerweise zu fordernden Maße zu verwirklichen. Damit wird zwar nicht festgelegt, wie weit die Gleichheit konkret gehen soll. Zumindest beschränkt das Bundesverfassungsgericht die Rolle des Staates aber *nicht* auf die eines Nachtwächterstaates. Vielmehr ist er aufgerufen, die in Art. 1 GG verankerte Würde des Menschen zu erhalten und zu sichern. Dementsprechend ist – gewissermaßen als absolute Untergrenze für das (um)verteilungspolitische Engagement des Staates – ein sozialer Mindeststandard in Form der Armenfürsorge zu gewährleisten, die auch den Mittellosen und Obdachlosen ihr Überleben sichert und sie nicht verhungern oder erfrieren lässt.

Zur Umsetzung des Sozialstaatsprinzips gibt es in Deutschland ein aus zwölf Teilen/Bänden bestehendes *Sozialgesetzbuch (SGB)*, in dem die wesentlichen Sozialgesetze zusammengefasst werden. Es regelt nicht nur die verschiedenen Zweige der Sozialversicherung (Renten-, Kranken-, Arbeitslosen- und Pflegeversicherung), sondern auch diejenigen Sozialleistungen, die nicht den Charakter einer Versicherung haben, sondern staatliche Fürsorgeleistungen darstellen. Mit der Arbeit am Sozialgesetzbuch wurde 1969 begonnen, die einzelnen Teile/Bände wurden nach und nach fertig gestellt und verabschiedet. Das letzte Buch SGB XII trat zum 1.1.2005 in Kraft.

§ 1 SGB I lautet:

(1) Das Recht des Sozialgesetzbuchs soll zur Verwirklichung sozialer Gerechtigkeit und sozialer Sicherheit Sozialleistungen einschließlich sozialer und erzieherischer Hilfen gestalten. Es soll dazu beitragen,

- ein menschenwürdiges Dasein zu sichern,
- gleiche Voraussetzungen für die freie Entfaltung der Persönlichkeit, insbesondere auch für junge Menschen, zu schaffen,
- die Familie zu schützen und zu fördern,
- den Erwerb des Lebensunterhalts durch eine frei gewählte Tätigkeit zu ermöglichen und
- besondere Belastungen des Lebens, auch durch Hilfe zur Selbsthilfe, abzuwenden oder auszugleichen.

(2) Das Recht des Sozialgesetzbuchs soll auch dazu beitragen, dass die zur Erfüllung der in Absatz 1 genannten Aufgaben erforderlichen sozialen Dienste und Einrichtungen rechtzeitig und ausreichend zur Verfügung stehen.

Weitere Aufgaben des Staates in der Wirtschafts- und Sozialpolitik werden in anderen Artikeln des Grundgesetzes bzw. auch Einzelgesetzen angesprochen:

Gesetz zur Förderung der Stabilität und des Wachstum der Wirtschaft (1967)
Das kurz Stabilitätsgesetz (StabG) genannte Gesetz von 1967 legt im § 1 fest:
Bund und Länder haben bei ihren wirtschafts- und finanzpolitischen Maßnahmen die Erfordernisse des gesamtwirtschaftlichen Gleichgewichts zu beachten. Die Maßnahmen sind so zu treffen, dass sie im Rahmen der marktwirtschaftlichen Ordnung gleichzeitig zur Stabilität des Preisniveaus, zu einem hohen Beschäftigungsstand und außenwirtschaftlichem Gleichgewicht bei stetigem und angemessenem Wirtschaftswachstum beitragen.

Artikel 91a GG und Gesetz über die Gemeinschaftsaufgabe »Verbesserung der regionalen Wirtschaftsstruktur« (1969)
In Art. 91 a GG wird der Bund verpflichtet, die Bundesländer bei der »Verbesserung der Lebensverhältnisse« in ihren Regionen zu unterstützen. Das Gesetz über die Gemeinschaftsaufgabe »Verbesserung der regionalen Wirtschaftsstruktur, das zuletzt 2007 geändert wurde, nennt einen ganzen Katalog von Maßnahmen im Sinne des Art. 91a GG:

- Investive Förderung der gewerblichen Wirtschaft bei Errichtung, Ausbau, Umstellung oder grundlegenden Rationalisierung von Gewerbebetrieben,
- investive Förderung der wirtschaftsnahen Infrastruktur, soweit sie unmittelbar für die Entwicklung der regionalen Wirtschaft erforderlich ist,
- nichtinvestive und sonstige Maßnahmen zur Stärkung der Wettbewerbsfähigkeit von Unternehmen, zur regionalpolitischen Flankierung von Strukturproblemen und zur Unterstützung von regionalen Aktivitäten, soweit sie unmittelbar für die Entwicklung der regionalen Wirtschaft erforderlich sind,

- Evaluierung der Maßnahmen und begleitende regionalpolitische Forschung.

Ein ähnliches Gesetz gilt für die *Gemeinschaftsaufgabe »Verbesserung der Agrarstruktur und des Küstenschutzes« (1969)*, zuletzt geändert 2010.

Daraus ergeben sich folgende Aufgaben, die der Staat mit seiner Wirtschafts- und Sozialpolitik erfüllen soll:

- **Stabilisierung der Wirtschaft:** Der Wirtschaftsablauf soll so gesteuert werden, dass nach Möglichkeit die Stabilität des Preisniveaus, ein hoher Beschäftigungsstand, ein außenwirtschaftliches Gleichgewicht (= ausgeglichene Handelsbilanz) bei gleichzeitigem Wirtschaftswachstum gegeben ist (Stabilitätsgesetz).
- **Allokation der Produktionsfaktoren:** Arbeitsplätze sowie Betriebs- und Unternehmensstätten sollen so auf das Bundesgebiet verteilt werden (*Allokation* = lateinisch: Platzierung; in diesem Fall geht es um die räumliche Platzierung/Verteilung), dass sich die Lebensverhältnisse der Bevölkerung nicht zu weit auseinander entwickeln. Art. 72 (2) GG spricht von »gleichwertigen Lebensverhältnissen«. Früher verstand man darunter, die Lebensverhältnisse der Menschen auch in abgelegenen Regionen Deutschlands an die industriell weit entwickelten Regionen anzupassen. Überall sollte eine gleiche Ausstattung mit Schulen, Krankenhäusern, Frei- und Hallenbädern, Kindergartenplätzen, Arbeits- und Ausbildungsplätzen gegeben sein.

Inzwischen wurde dieses hochgesteckte Ziel allerdings weitgehend aufgegeben. Die wirtschaftliche Entwicklung verläuft in den einzelnen Regionen trotz aller Fördermaßnahmen zu unterschiedlich. Die Folge sind Wanderungsbewegungen vor allem der jungen Bevölkerung von entlegenen, wirtschaftlich schwachen Gegenden in die wirtschaftlich florierenden Ballungsgebiete. Für sich ent-

leerende Gebiete ist gute Versorgung mit den o. g. Infrastruktureinrichtungen nicht mehr darstellbar.
- **Umverteilung:** Einkommen und Vermögen sollen so weit von Reich zu Arm umverteilt werden, dass die Verteilung des Sozialproduktes von der überwiegenden Mehrheit der Bevölkerung als »sozial gerecht« empfunden wird.

Stabilisierungs-, Allokations- und Verteilungsfunktion sind somit die zentralen Aufgaben der staatlichen Finanzpolitik. Das geschieht zum einen über die Erhebung von Steuern, zum anderen über die Staatsausgaben. Die Trennung nach diesen Aufgaben bedeutet jedoch nicht, dass eine finanzpolitische Maßnahme nur eine Stabilisierungs-, Allokations- oder Verteilungswirkung hat. Im Gegenteil: Jede Stabilisierungsmaßnahme wirkt auch auf die Allokation und die Verteilung ein und umgekehrt: Jede Verteilungsmaßnahme hat auch Folgen für die Stabilität und die Allokation. Es ist aber durchaus zweckmäßig, sie gedanklich zu trennen, um die staatlichen Ziele einer Maßnahme besser zu verstehen.

Natürlich wäre es wenig zweckmäßig, jedem Bürger genau so viel an Steuern aufzuerlegen, wie er an staatlichen Leistungen empfängt. Das wäre das Prinzip einer Umverteilung von der rechten in die linke Hosentasche. Also geht es darum, einem Teil der Bevölkerung über Steuern etwas weg zu nehmen und dieses Geld dem anderen Teil der Bevölkerung zugutekommen zu lassen. Aber wer ist Empfänger und vor allen: wer ist Zahler? Damit sind wir beim Thema des nächsten Kapitels.

6 Wer zahlt die Steuern?

Manchem mag die Frage dieses Kapitels merkwürdig vorkommen. Die Bürger zahlen die Steuern. Wer sonst? Doch nicht nur natürliche Personen wie Herr Schmitz und Frau Meier zahlen Steuern. Auch juristische Personen, also Unternehmen in der Rechtsform beispielsweise der Aktiengesellschaft (AG) oder der GmbH (Gesellschaft mit beschränkter Haftung), müssen Steuern abführen. Uns interessiert in diesem Kapitel aber weniger, wie viel Steuern Herr Schmitz oder Frau Meier zahlt, sondern:

Welche Einkommensgruppen werden vor allem zur Kasse gebeten?

Wer muss vor allem für die öffentlichen Leistungen, für Schulen, Straßen, Energie usw. aufkommen? Und wer zahlt eigentlich die ganzen Sozialleistungen?

Bevor wir uns diesem spannenden Thema widmen, müssen wir noch einige Begriffe aus der finanzwissenschaftlichen Steuerlehre klären (Abschnitt 6.1) und uns mit möglichen Reaktionen auf die Erhebung von Steuern befassen (Abschnitte 6.2 und 6.3).

6.1 Begriffliche Klärungen

Ein Teilgebiet der Finanzwissenschaft, die *Steuerlehre,* befasst sich theoretisch und praktisch mit allen möglichen Aspekten der Steuern, insbesondere mit der geschichtlichen Entwicklung der Besteuerung, den Aufgaben und Grenzen der Besteuerung, der Steuertechnik, den vielfältigen wirtschaftlichen und politischen Wirkungen von Steuern sowie der Unterscheidung von Steuersystemen. Es würde viel zu weit führen, den Leser in diesem Einführungswerk mit allen Fachbegriffen der Steuerlehre vertraut zu machen. Einige sind jedoch wichtig, um wirtschaftliche Zusammenhänge besser verstehen und sich ein politisches Urteil bilden zu können.

Im alltäglichen Sprachgebrauch gilt als Steuerzahler derjenige, der dem Staat die Steuer schuldet. Die Steuerlehre unterscheidet hier etwas differenzierter. Ein Beispiel:

Jeder Arbeitnehmer muss auf seinen Lohn oder sein Gehalt Steuern entrichten. Das macht er aber nicht selbst, indem er am Ersten jeden Monats einen Betrag an das Finanzamt überweist. Die Lohnsteuer wird vielmehr vom Arbeitgeber einbehalten und von ihm ans Finanzamt überwiesen. Als formaler *Steuerzahler* gilt daher in der finanzwissenschaftlichen Steuerlehre derjenige, der im technischen Sinn die Steuer abliefert, in diesem Fall also der Arbeitgeber. Der Arbeitnehmer ist derjenige, der dem Staat die Steuer schuldet. Er wird deshalb als *Steuerschuldner* bezeichnet. Das Verfahren, mit dem die Lohnsteuer erhoben wird, nennt man *Quellenabzugsverfahren.* Die Steuer wird an der Quelle, an der die Steuerpflicht entsteht, nämlich im Unternehmen eingezogen. Auch die *Abgeltungsteuer,* das ist die Steuer auf Vermögenseinkommen wie Zinsen auf Geldanlagen, ist eine Quellensteuer. Denn hier sind die Banken verpflichtet, diese Steuer (2012 waren es 25 Prozent plus Solidaritätszuschlag) von allen Zinseinkünften ihrer Kunden einzubehalten und direkt an das Finanzamt abzuführen.

Die Unterscheidung zwischen Steuer*zahler* und Steuer*schuldner* ist juristischer Art. Bei einer volkswirtschaftlichen Betrachtung trennt man nach Steuer*träger* und Steuer*destinatar*. Dazu müssen wir das Beispiel der Umsatzsteuer heranziehen. Wenn wir eine Ware kaufen, schlägt der Verkäufer auf den Nettopreis noch die Umsatzsteuer (2012 betrug sie 19 Prozent) drauf und berechnet einen Bruttopreis. Die Umsatzsteuer wird von ihm ans Finanzamt abgeführt. So gesehen »zahlen« wir als Verbraucher die Umsatzsteuer, für den Verkäufer ist sie nur ein durchlaufender Posten. Was aber, wenn er von seinen Waren als Folge des Aufschlags der Mehrwertsteuer weniger verkaufen kann, er also Umsatzeinbußen im Vergleich zu einer Situation ohne Mehrwertsteuer hinnehmen muss?

Wir sehen: die Frage, wer die Steuer *trägt* in dem Sinne, dass er Einkommenseinbußen hinnehmen muss, ist nicht so einfach zu beantworten, wie es auf den ersten Blick erscheint. Vielleicht kalkuliert der Verkäufer die Umsatzsteuer gar nicht erst in seinen Verkaufspreis ein, um die Kunden nicht durch den höheren Preis vom Kauf abzuschrecken. In diesem Fall würde er die Steuer selbst voll tragen. Oder er schlägt nur einen Teil der Steuer auf den Verkaufspreis drauf. Dann sind – im wirtschaftlichen Sinn – sowohl der Käufer als auch der Verkäufer Steuer*träger*. Denn beide nehmen dann eine Schmälerung ihres Einkommens hin.

Unter Umständen kann es sogar vorkommen, dass diejenigen, die der Staat eigentlich besteuern wollte (= Steuer*destinatare* = diejenigen, denen die Steuerlast zugedacht ist), d. h. deren Einkommen der Staat mit der Steuer schmälern wollte, durch Ausweichreaktionen die Steuer gar nicht tragen. Es ist also wichtig zu analysieren, wie die Bürger auf die Erhebung einer Steuer reagieren. Damit befassen wir uns im nächsten Unterabschnitt.

6.2 Die Wirkung von Steuern

Die Reaktionen auf die Erhebung einer Steuer können sehr vielfältig sein. In diesem Unterabschnitt wählen wir zunächst die Sicht eines einzelnen Haushalts oder eines Unternehmens, also die *einzelwirtschaftliche* Perspektive und fragen:

Wie reagiert ein privater Haushalt oder ein Unternehmen, wenn ihm eine Steuer auferlegt wird?

Hierzu hat die Finanzwissenschaft – wir folgen hier der Allgemeinen Steuerlehre des Kölner Finanzwissenschaftlers *Günter Schmölders* – die Reaktion der Wirtschaftssubjekte gedanklich in drei Phasen unterteilt:

- die *Wahrnehmungsphase*
- die *Zahlungsphase*
- die *Inzidenzphase* (Inzidenz = lat. Einschnitt)

6.2.1 Die Wahrnehmungsphase: Steuerausweichung

In der Wahrnehmungsphase wird dem Bürger erstmals bewusst, dass eine Steuer auf ihn »zukommt«. Das kann bei ihm in vielen Fällen Ausweichreaktionen auslösen, d. h. die Steuer wirkt auf ihn wie ein Signal, das ihn dazu ermuntert, sein Verhalten zu ändern mit der Absicht, die Steuer zu umgehen oder zumindest zu minimieren. Doch wie kann das geschehen?

In *Schaubild 20* werden als Möglichkeiten, einer Steuer bereits in der Wahrnehmungsphase auszuweichen, die sachliche, räumliche und zeitliche Substitution (= Ersetzung) genannt. Eine *sachliche Substitution* liegt vor, wenn das mit einer Steuer belegte Produkt nicht mehr gekauft wird: Jemand trinkt beispielsweise Wasser, um die Biersteuer zu vermeiden. Um diese Ausweichreaktionen zu vermeiden, werden zu manchen Steuern »Zwillingssteuern« eingeführt: So gibt es ergänzend zur Kaffeesteuer auch eine Teesteuer, damit das Genussmittel Kaffee nicht durch ein Getränk mit ähnlich wirkenden Inhaltsstoffen ersetzt wird. Parallel zur Erbschaftsteuer existiert die Schenkungsteuer, um zu vermeiden, dass vermögende Personen ihr Vermögen bereits zu Lebzeiten steuerfrei ihren Erben übertragen.

Bei einer *räumlichen Substitution* wird ein Produkt, auf dem eine hohe Steuer lastet, in einem anderen Land gekauft, in dem dieses Produkt weniger oder gar keinen Steuern unterliegt. So kann es für Bürger, die nahe an einer Landesgrenze wohnen, vorteilhaft sein, z. B. in Österreich zu tanken oder in Holland Butter einzukaufen.

Eine *zeitliche Substitution* kann den Stichtag, zu dem eine Steuer neu eingeführt oder auch eine bereits bestehende Steuer erhöht oder gesenkt wird, nutzen, um Vorteile für sich herauszuholen. Wird etwa die allgemeine Mehrwertsteuer zum 1.1. eines bestimmten Jahres erhöht, kann man Steuern sparen, indem man den Kauf insbesondere langlebiger Produkte wie Autos oder Möbel vorzieht und noch im alten Jahr anschafft. Derartige Vorzieheffekte, wie man sie in der ökono-

Schaubild 20 Steuerwirkungen

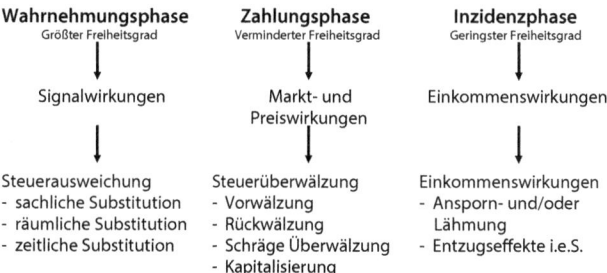

Quelle: Schmölders, G., Allgemeine Steuerlehre, 5., neubearb. Aufl., Berlin 1980, S. 147.

mischen Fachsprache nennt, sind bei einschlägigen Gesetzesänderungen regelmäßig zu beobachten.

In der Wahrnehmungsphase besteht der größte Spielraum – in *Schaubild 20* als *Freiheitsgrad* bezeichnet – einer Steuer auszuweichen. Dieser verringert sich, wenn die Steuer fällig wird, somit die Zahlungsphase eingetreten ist.

6.2.2 Die Zahlungsphase: Steuerüberwälzung

Nun kommen wir zu dem Zeitpunkt, an dem die Steuer abgeführt werden muss. Wird ein Unternehmen oder ein kleiner Gewerbetreibender die Umsatzsteuer einfach hinnehmen und zahlen? Oder wird er versuchen, einen Nettoumsatz wie vor der Steuererhebung zu erzielen?

Ob ihm das gelingt, hängt von der Reaktion seiner Kunden ab, d.h. davon, wie viele Produkte die Kunden trotz eines höheren Preises noch kaufen. Schauen wir uns die Zusammenhänge anhand der Zahlen in *Tabelle 12* an.

In unserem Beispiel soll es um einen Kinobesitzer gehen. Er verlangt in der Ausgangssituation, in der noch Mehrwertsteuer auf Kinokarten erhoben wird, auf allen Plätzen 20 Euro. Nettopreis (Spalte 2) und Bruttopreis (Spalte 3) unterscheiden sich daher nicht, ebenso haben Netto- und Bruttoumsatz den gleichen Wert. Es sollen 500 Besucher in die Vorstellung kommen. Es ergibt sich ein Brutto-/Nettoumsatz von 10 000 Euro (Fall A).

Nun soll der Staat auf jede Kinokarte eine Mehrwertsteuer (MwSt) von 25 Prozent erheben. Belässt es der Kinobesitzer beim Preis von 20 Euro für jede Karte, müsste er davon 4 Euro Mehrwertsteuer abführen (Fall B).

Der Leser beachte: Die Mehrwertsteuer wird nicht vom Bruttopreis (= einschließlich Mehrwertsteuer), sondern vom Nettopreis berechnet. Beträgt der Bruttopreis, der die Mehrwertsteuer von 25 % bereits enthält, 20 Euro, errechnet sich

Tabelle 12 Überwälzung der Umsatzsteuer: Modellhafte Darstellung am Beispiel eines Kinos

Fall	Netto-preis	MwSt	Brutto-preis	Besucher	Netto-umsatz	MwSt	Brutto-umsatz	Nachfrage
(1)	(2)	(3)	(4)	(5)	(6)	(7)	(8)	(9)
Ausgangssituation ohne Mehrwertsteuer								
A	20	0	20	500	10 000	0	10 000	
→ *Einführung einer Mehrwertsteuer von 25 %*								
B	16	4	20	500	8 000	2 000	10 000	
→ *Erhöhung des Bruttopreises um 25 %*								
C	20	5	25	500	10 000	2 500	12 500	vollkommen unelastisch
D	20	5	25	450	9 000	2 250	11 250	unelastisch
E	20	5	25	400	8 000	2 000	10 000	= 1
F	20	5	25	300	6 000	1 500	7 500	elastisch
G	20	5	25	0	0	0	0	vollkommen unelastisch

der Nettopreis, indem man 20 Euro durch 1,25 dividiert – macht 16 Euro. 25 % vom Nettopreis 16 Euro sind 4 Euro Mehrwertsteuer. 16 Euro netto plus 4 Euro Mehrwertsteuer ergeben den Bruttopreis von 20 Euro (siehe Fall B, Spalten 2, 3 und 4).

Erhöht der Kinobesitzer trotz Einführung der Mehrwertsteuer den Preis für seine Kinokarte nicht, sinkt sein Nettoumsatz auf 8 000 Euro. Den Rest des Bruttoumsatzes von 10 000 Euro, das sind 2000 Euro (→ genau 25 Prozent des Nettoumsatzes von 8 000 Euro) muss er an Mehrwertsteuer entrichten.

Um diese Schmälerung seines Nettoumsatzes zu vermeiden, wird der Kinobesitzer sich überlegen, den Kinokartenpreis zu erhöhen und die 25 Prozent Mehrwertsteuer »drauf zu schlagen.« Dann beträgt der Bruttopreis 20 Euro (netto) plus 25 Prozent Mehrwertsteuer, sind 25 Euro (siehe die Fälle C bis G in *Tabelle 12*). Ob er dadurch seinen vorherigen Nettoumsatz wieder »einfahren« kann?

Frage ist jetzt: Wie reagieren die Kinobesucher auf den erhöhten Preis? Ideal wäre es für den Kinobesitzer, wenn alle Besucher bereit sind, den erhöhten Preis zu bezahlen und wie vorher 500 Besucher in die Vorstellung kommen. Dann nimmt er insgesamt 12 500 Euro ein, nach Abführung der Mehrwertsteuer bleiben ihm 10 000 Euro netto (Fall C). Dieses Verhalten der Besucher nennt man eine *vollkommen unelastische Nachfrage*.

Was aber, wenn statt 500 nur noch 450 Besucher die Vorstellung besuchen? Das Ergebnis können wir beim Fall D ablesen. Sein Bruttoumsatz steigt zwar von 10 000 Euro in der Ausgangssituation auf 11 250 Euro (Fall D, Spalte 8). Nach Abzug der Mehrwertsteuer verbleiben ihm jedoch nur 9 000 Euro. Er hat also eine Einbuße. Diesen Fall bezeichnet man als *unelastische Nachfrage*: Die Nachfrage geht zwar etwas zurück, aber nicht so viel, dass er nur den Bruttoumsatz wie vor Einführung der Mehrwertsteuer erzielt.

Sinkt die Nachfrage auf 400 Besucher (Fall E), gleicht die Preiserhöhung der Kinokarte gerade mal den Besucherrückgang aus. Sein Bruttoumsatz erreicht 10 000 Euro wie in der Ausgangssituation A, jedoch bleiben davon nach Abzug der Mehrwertsteuer nur 8 000 Euro übrig. Die Mehrwertsteuer hat seinen Nettoumsatz um 20 Prozent gekürzt. 100 Personen können (oder wollen) sich den Kinobesuch bei diesem höheren Preis offenbar nicht mehr leisten, die Zeche zahlt der Kinobesitzer. Hier spricht von einer *Nachfrageelastizität von 1:* Der Effekt der Preiserhöhung wird durch den Rückgang der Nachfrage zunichte gemacht. Durch seine Einbuße trägt der Kinobesitzer die Mehrwertsteuer mit.

Noch dramatischer wirkt sich die Einführung der Mehrwertsteuer aus, wenn die Besucherzahlen noch weiter zurückgehen. Im Fall F sinken sie auf 300, dadurch fällt selbst der Bruttoumsatz geringer aus als in der Ausgangssituation A (siehe Fall F, Spalte 8). Jetzt liegt eine *elastische Nachfrage* vor. Fall G ist der schlimmste aller denkbaren Fälle: Alle Kinobesucher bleiben aus, der Besitzer ist wirtschaftlich am Ende. Aber auch der Staat hat in diesem Fall mit Zitronen gehandelt. Keine Kinobesucher bedeuten: auch keinen Umsatz, somit auch keine Mehrwertsteuereinnahmen. Das wäre eine *vollkommen elastische Nachfrage.*

Wir erkennen an diesem modellhaften Zahlenbeispiel: Die Verbraucher sind nicht zwingend auch die *Träger* der Mehrwertsteuer. Je nachdem, wie sich die Nachfrage verhält, kann es die Anbieter selbst treffen. Und im Extremfall vollkommen unelastischer Nachfrage werden Anbieter und sogar der Staat zum Verlierer.

Nachdem wir die *Steuerüberwälzung* – so nennt man in der Finanzwissenschaft den Versuch der Weitergabe einer Steuer über den Preis an die Verbraucher – theoretisch analysiert haben, können wir fragen: Wie ist das Verhalten der Käufer in der wirtschaftlichen Realität? Wie elastisch bzw. unelastisch ist die Nachfrage?

In unserem Kinobeispiel dürfte die Nachfrage eher elastisch reagieren. Ein Kinobesuch ist zwar eine schöne Form der Freizeitgestaltung, aber er ist nicht zwingend zum Leben erforderlich. Als Verbraucher kann man auf eine andere Freizeitaktivität ausweichen – Theater, Konzert oder Sportereignis – oder sich gar auf das Heimkino, das Fernsehen, zurückziehen. Anders bei Gütern des täglichen Bedarfs: Brot, Fleisch, Fisch, Gemüse muss man kaufen, um sich zu ernähren. Bei vielen kann man nur schlecht ausweichen, bei bestimmten Nahrungsmitteln überhaupt nicht. So ist eine Familie mit kleinen Kindern auf Milch angewiesen und muss ihren Preis akzeptieren, weil sie keine Alternative hat. Die Nachfrage ist hier also fast vollkommen unelastisch.

Man kann somit feststellen:

- Je dringender Waren gebraucht werden und je weniger Ausweichmöglichkeiten es gibt, desto unelastischer ist die Nachfrage und desto eher können Umsatzsteuern vom Verkäufer auf den Preis überwälzt werden.
- Je weniger eine Ware benötigt wird und je mehr Alternativen es gibt, desto elastischer reagiert die Nachfrage und desto schwieriger wird es für die Anbieter, eine Umsatzsteuer erfolgreich auf den Preis zu überwälzen.

In *Schaubild 20* wird die *Überwälzung* als Oberbegriff für eine Reaktion gebraucht, die versucht, die Steuerlast anderen zuzuschieben. Die im Kinobeispiel behandelte Erhöhung des Kartenpreises ist – genau genommen – eine *Steuervorwälzung*: Die Steuer wird dem Käufer des Produktes aufgebürdet.

Eine andere Möglichkeit, auf eine Steuer zu reagieren, besteht für einen Produzenten darin zu versuchen, seinen Lieferanten niedrigere Preise bzw. Löhne zu zahlen. So könnte der Kinobesitzer etwa die Leihgebühr für die Filme, die er zeigen will, versuchen zu drücken oder seinen Angestellten, die die

Karten verkaufen und kontrollieren, die Gehälter kürzen, um wieder auf seinen ursprünglichen Gewinn zu kommen. Diese Form der Überwälzung wird *Rückwälzung* genannt. In großen Branchen wie der Automobilindustrie wird häufig versucht, Kostenerhöhungen jedweder Art, seien es Löhne oder Steuern, durch Drücken der Einkaufspreise bei kleinen Zulieferwerken wieder hereinzuholen.

Von einer *schrägen Überwälzung* spricht man, wenn ein Anbieter die Steuer nicht auf den Preis des eigentlich besteuerten Produktes aufschlägt, sondern den Preis eines anderen Produktes erhöht. So könnte etwa ein Gastwirt, wenn die Biersteuer erhöht wird, statt des Bierpreises den Preis für Mineralwasser und sonstige nicht-alkoholische Kaltgetränke anheben. Dann bliebe der Bruttoumsatz beim Bier gleich und würde dafür bei den nicht-alkoholischen Kaltgetränken ansteigen. Autofahrer oder Kinder wären die Leidtragenden: für sie gäbe es bei den Getränken keine Alternative.

Schließlich ist noch eine spezielle Form der Reaktion auf die Einführung einer Steuer denkbar: die *Kapitalisierung* (siehe *Schaubild 20*). Dazu folgendes Beispiel:

Geldanleger Hübner kauft eine Eigentumswohnung im Wert von 250 000 Euro. Er erzielt im Jahr Mieteinnahmen in Höhe von 10 000 Euro, d. h. er erwirtschaftet eine Rendite von vier Prozent (Rendite = Einnahmen bezogen auf das eingesetzte Kapital von 250 000 Euro). Eine Steuer auf die Mieteinnahmen wird nicht erhoben.

Nach zehn Jahren will Hübner die Wohnung an einen anderen Investor (= Anleger) verkaufen. Auch dieser will vier Prozent Rendite erwirtschaften. Inzwischen hat der Staat jedoch eine Steuer von 10 Prozent auf Mieteinnahmen eingeführt. Für die 10 000 Euro jährlichen Mieteinnahmen sind also 1 000 Euro Steuern abzuführen, es blieben dem neuen Investor also nach Steuern netto nur 9 000 Euro Mieteinnahmen.

Wenn der neue Investor ebenfalls vier Prozent Rendite auf seine Immobilienanlage erzielen will, wird er kaum bereit sein, für die Eigentumswohnung 250 000 Euro zu zahlen. Denn dann betrüge für ihn die Rendite nach Steuern nur 3,6 Prozent (9 000 Euro, bezogen auf 250 000 Euro). Vielmehr würde er höchstens 225 000 Euro für den Erwerb der Immobilie bieten. Der am Markt erzielbare Verkaufspreis würde also auf 225 000 Euro sinken – vorausgesetzt, die Renditeansprüche der Anleger bleiben bei den ursprünglichen vier Prozent (9 000 Euro Mieteinnahmen nach Abzug der Steuern ergäben – auf 225 000 Euro Kaufpreis bezogen – vier Prozent Rendite).

Diese Form der Überwälzung einer Steuer auf den Verkäufer, der eine Minderung des Marktwertes seiner Immobilie hinnehmen muss, bezeichnet man als *Kapitalisierung* oder auch *Steueramortisation.* (Amortisation = Erwirtschaftung der Kosten für eine Investition). Wir sehen: Die Markt- und Preiswirkungen einer Steuer können sehr vielfältig sein.

6.2.3 Die Inzidenzphase: Ansporn oder Lähmung

Angesichts der geschilderten Ausweich- und Überwälzungsreaktionen stellt sich die Frage: Sind diese Prozesse eigentlich irgendwann einmal zu Ende? Betrachten wir das tatsächliche Wirtschaftsgeschehen, können wir nur zu dem Ergebnis kommen:

Jedes wirtschaftliche Verhalten ist ein Versuch, sein eigenes Einkommen oder Vermögen zu verteidigen oder zu mehren und Lasten von sich auf andere abzuwälzen. So gesehen ist Wirtschaft ein ständiger Verteilungskampf.

Auch wenn das Geld schließlich beim Finanzamt angekommen ist, braucht sich grundsätzlich niemand mit der Schmälerung seines Einkommens oder Vermögens abzufinden. Denn das Wirtschaftsleben geht weiter. Neue Ausweich- und Überwälzungsversuche können gestartet werden, diese lösen wieder Gegenreaktionen aus usw. Wirtschaft ist wie ein Perpetuum mobile (= Etwas, das sich ständig bewegt), das nie zur Ruhe kommt.

In der finanzwissenschaftlichen Steuerlehre macht man gedanklich jedoch an einem bestimmten Zeitpunkt einen Schnitt. Die Einkommens- und Vermögenseinbuße ist – bei wem auch immer – eingetreten. Man nennt diesen Zustand in der ökonomischen Fachsprache *Inzidenz* (lateinisch = Einschnitt). Wie geht es dann weiter?

Grundsätzlich sind zwei Reaktionen denkbar (siehe noch mal *Schaubild 20*):

- Der Besteuerte versucht, seine Einkommens- oder Vermögenseinbuße wieder wett zu machen, indem er sich selbst anstrengt, mehr oder länger arbeitet, sein Vermögen in attraktivere (evtl. steuerfreie) Anlagen umschichtet. Eine Steuererhebung könnte also sogar als *Ansporn* wirken nach dem Motto: Jetzt erst recht!
- Der Besteuerte nimmt seine Einkommens- oder Vermögenseinbuße schicksalhaft hin. Er resigniert und reduziert seine wirtschaftlichen Aktivitäten, weil er sich sagt: »Leistung lohnt sich nicht, es wird zu viel vom Erlös meiner Leistung weggesteuert.« *Lähmung* der Wirtschaft könnte also auch das Ergebnis einer Steuererhebung sein. Geringeres Einkommen hätte auch negative Auswirkungen auf die Nachfrage in der Wirtschaft. Allerdings ist zu berücksichtigen: Der Staat gibt seine Steuereinnahmen wieder aus und entfaltet so – anstelle des Besteuerten – Nachfrage. Auf diese Zusammenhänge werden wir im nächsten Kapitel noch eingehen.

Nach dieser theoretischen Analyse der Steuerwirkungen können wir uns den tatsächlichen Folgen der Besteuerung zuwenden. Was weiß die Wissenschaft heute über die Steuerlastverteilung?

6.3 Die Steuerlastverteilung

Wer zahlt wie viel Steuern? Zunächst wollen wir dieser Frage in Bezug auf die Einkommensteuer (die Lohnsteuer ist im Begriff Einkommensteuer enthalten) nachgehen.

6.3.1 Einkommensteuer

Aus *Schaubild 21* lässt sich ablesen, wie viel die obere Hälfte der Einkommensteuerpflichtigen zum Aufkommen der Einkommensteuer beiträgt: es sind fast 94 Prozent. Auf die Einkommensbezieher, die zur unteren Hälfte gehören, entfallen dagegen nur gut 6 Prozent des Einkommensteueraufkommens. Der »Schnitt« zwischen den oberen und den unteren Einkommensbeziehern liegt bei 26 750 Euro Jahreseinkommen. Mit anderen Worten: Wer 2008 mehr als 26 750 Euro im Jahr brutto verdiente, gehörte bereits zur oberen, wer darunter lag, zur unteren Hälfte. Die Bezieher der höchsten Einkommen, die obersten 10 Prozent, tragen mehr als die Hälfte (54 Prozent) des gesamten Einkommensteueraufkommens. Zu den obersten 10 Prozent zählen Bezieher von Einkommen über 70 150 Euro im Jahr. Zusammenveranlagte Ehepaare rechnen in dieser Statistik als *ein* Steuerpflichtiger. Die Zahlen nannte das Bundesfinanzministerium im Februar 2010 auf eine kleine Anfrage der Fraktion Bündnis 90/DIE GRÜNEN. Aktuellere Zahlen standen nicht zur Verfügung, weil die Einkommensteuerstatistik immer erst mit einer Verzögerung von mehreren Jahren vorliegt.

Interessant in diesem Zusammenhang ist auch die Ant-

Schaubild 21 Verteilung der Einkommensteuerlast 2008

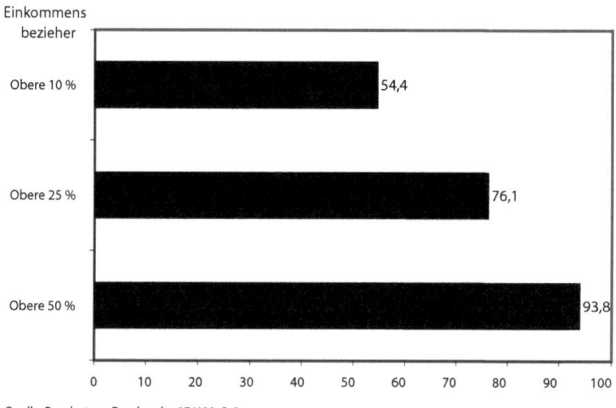

Quelle: Bundestags-Drucksache 17/691, S. 3

wort des Bundesfinanzministeriums auf die Frage: Wie hoch waren die Steuermehreinnahmen aus der sog. *Reichensteuer*? Die Reichensteuer wurde 2006 von der großen Koalition aus CDU/CSU und SPD beschlossen und gilt seit 1.1.2007. Danach müssen Bezieher von jährlichen Einkommen über 250 000 Euro (Ledige) bzw. 500 000 Euro (Verheiratete) für die übersteigenden Beträge einen Zuschlag von 3 Prozent an Einkommensteuer bezahlen. Da der Spitzensteuersatz für Einkommen ab 52 882 Euro (Ledige) und 105 764 Euro (Verheiratete) 42 Prozent beträgt (2012), gilt für den politisch als reich definierten Personenkreis also ein Spitzensteuersatz von 45 Prozent. Hinzu kommt ein Solidaritätszuschlag von 5,5 Prozent, der von der Einkommensteuerschuld bemessen wird. Die höchste steuerliche Belastung der Einkommen beträgt also in Deutschland 45 Prozent + 5,5 Prozent von 45 Prozent (= 2,475 Prozent), macht insgesamt 47,475 Prozent.

Der Leser beachte, dass der Spitzensteuersatz nicht auf das gesamte Einkommen, sondern nur auf *den* Teil des Einkommens berechnet wird, der 250 000 bzw. 500 000 Euro übersteigt. Für ein Ehepaar mit einem zu versteuernden Einkommen von 600 000 Euro betrug die Steuerschuld 2012 deshalb nicht 47,475 Prozent von 600 000 Euro (das wären 284 850 Euro), sondern laut Einkommensteuerrechner des BMF nur 251 735,66 Euro.

Grund: Das Existenzminimum (2012: 8 004 Euro/Jahr) bleibt steuerfrei, das darüber hinausgehende Einkommen wird zunächst nur mit einem Steuersatz von 14 Prozent besteuert. Je höher das Einkommen, desto höher wird auch der *Grenzsteuersatz,* das ist der Prozentsatz, der bei der Besteuerung des das Existenzminimum übersteigende Einkommen angelegt wird. Da der Grenzsteuersatz also mit steigendem Einkommen wächst, steigt auch der durchschnittliche Prozentsatz des Einkommens, das an Steuern abgeführt werden muss. Letzteres nennt man den *Durchschnittssteuersatz.* Er betrug bei einem Ehepaar mit

zu versteuerndem Jahreseinkommen von ... Euro	Durchschnittssteuersatz in Prozent
30 000	9,4
40 000	13,5
60 000	18,8
90 000	24,2
110 000	27,1
150 000	31,1
300 000	38,6
500 000	40,9
1 000 000	43,1
2 000 000	45,8

Eine mit steigendem Einkommen wachsende Steuerbelastung folgt dem Prinzip der *Besteuerung nach der Leistungsfähigkeit.* Es besagt: Wer nur das Existenzminimum verdient und sein gesamtes Einkommen benötigt, um auf niedrigstem Niveau seinen Lebensunterhalt zu bestreiten, braucht nichts an die Gemeinschaft abzugeben. Wer jedoch mehr verdient als das Existenzminimum, muss von dem darüber hinausgehenden Einkommensteil etwas an Steuern für die Gemeinschaft abgeben, und zwar umso mehr, je größer seine steuerliche Leistungsfähigkeit ist. Allerdings wird ab einer bestimmten Einkommenshöhe der Grenzsteuersatz »eingefroren«, gegenwärtig (2012) bei den bereits erwähnten 45 Prozent plus 5,5 Prozent Solidaritätszuschlag. Man nennt diesen dann nicht mehr steigenden Steuersatz den *Spitzensteuersatz*. Seine Höhe ist eine politische Entscheidung, d.h. sie richtet sich nach den politischen Mehrheiten in Bundestag und Bundesrat. Zwar wird in der politischen Diskussion versucht, eine Obergrenze festzulegen, die der Spitzensteuersatz aus verfassungsrechtlichen oder ökonomischen Gründen nicht überschreiten soll. Doch diese Festlegungen sind keine »letzten Wahrheiten«, sondern beruhen verfassungsrechtlich auf einem bestimmten Staats- bzw. Wohlfahrtsstaatsverständnis und ökonomisch auf bestimmten Annahmen über das den Wirtschaftsablauf bestimmende Verhalten von Menschen. Bei anderem Staats- und Wohlfahrtsstaatsverständnis und anderen Annahmen über die ökonomischen »Gesetzmäßigkeiten« kommt man auch zu anderen Ergebnissen, wie hoch der Spitzensteuersatz maximal sein darf. Doch dazu mehr in Kapitel 7.

6.3.2 Umsatzsteuer

Wie wir alle wissen, zahlen wir nicht nur Lohn- und Einkommensteuer, sondern bei jedem Einkauf auch Mehrwertsteuer. Wenn wir das Licht anmachen oder unser Auto volltanken, zahlen wir dazu noch Energiesteuer. Trägt dann nicht letzten Endes doch »der kleine Mann« den größten Teil der Steuerlast? Denn auf die steuerliche Leistungsfähigkeit, wie bei der Einkommensteuer, wird bei der Umsatzsteuer keine Rücksicht genommen. Egal, ob Hartz-IV Empfänger oder Millionär: Bei jedem Einkauf wird Mehrwertsteuer fällig, und es fließen Milliardenbeträge über Verbrauchsteuern in die Staatskasse.

Im ersten Moment mag man die Hartz-IV Empfänger bedauern. Warum erlässt der Staat ihnen denn nicht die Mehrwertsteuer, wo sie doch ohnehin so wenig zum Leben haben, mag mancher vielleicht fragen. Erstens aber wird die Höhe der Hartz-IV Leistungen nach den Bruttopreisen, also einschließlich Mehrwertsteuer, der Güter und Dienstleistungen bemessen, die man unbedingt zum Leben braucht. Zweitens wäre der Erlass der Mehrwertsteuer technisch schwierig umzusetzen. Die Hartz-IV Leistungen müssten um die darin enthaltene Mehrwertsteuer gekürzt, beim Einkauf müssten die Transferempfänger ihre Berechtigung zum mehrwertsteuerfreien Einkauf nachweisen (Hartz-IV Ausweis oder Ähnliches) und die Verkäufer ihrerseits müssten gegenüber dem Finanzamt dokumentieren, wie viel ihres Umsatzes ohne Berechnung der Mehrwertsteuer erfolgt ist. Das alles wäre ein umfangreicher bürokratischer Mehraufwand, von Missbrauchsmöglichkeiten ganz abgesehen. Drittens wäre es für die Menschen diskriminierend, wenn sie sich beispielsweise an der Supermarktkasse als Hartz-IV Empfänger zu erkennen geben müssten.

Doch auch bei der Mehrwertsteuer hat der Staat eine soziale Komponente (= Bestandteil) eingebaut: den ermäßigten Mehrwertsteuersatz von derzeit (2012) 7 Prozent. Der ermäßigte Steuersatz wird insbesondere auf fast alle Lebensmittel angewandt. Ausgenommen sind Getränke und Umsätze in der Gastronomie. Außerdem gilt der ermäßigte Mehrwertsteuersatz für den Personennahverkehr, für Bücher, Zeitungen, bestimmte Kunstgegenstände und für Beherbergungsleistungen (Übernachtungen).

Nun könnte man sagen: Da die ärmeren Bevölkerungsschichten den größten Teil ihres Einkommens ohnehin für Lebensmittel ausgeben müssen (Wohnungsmiete ist nicht mehrwertsteuerpflichtig!), entfällt auf diese Haushalte nur ein geringer Anteil an Mehrwertsteuer. Käufer eines Porsches, von Designer-Kleidung oder von Luxusküchen zahlen dagegen bei den hohen Preisen dieser Produkte auch jede Menge an Mehrwertsteuer.

Doch all das sind Mutmaßungen. Ergiebiger ist es, sich die Ergebnisse wissenschaftlicher Untersuchungen anzusehen. Die letzte verfügbare Studie stammt vom Rheinisch-Westfälischen Institut für Wirtschaftsforschung, Essen (RWI) und dem Finanzwissenschaftlichen Forschungsinstitut an der Universität Köln (FiFo). Beide haben gemeinsam im Auftrag des Bundesministeriums für Wirtschaft und Technologie (BMWi) ein Forschungsprojekt zum Thema »Wer trägt den Staat? Die aktuelle Verteilung von Steuer- und Beitragslasten auf die Bevölkerung in Deutschland« durchgeführt. Der Endbericht wurde im Oktober 2009 veröffentlicht. Das Ergebnis sehen wir in *Schaubild 22*.

Schaubild 22 Finanzierungsanteil der Haushalte am Umsatzsteueraufkommen* 2008

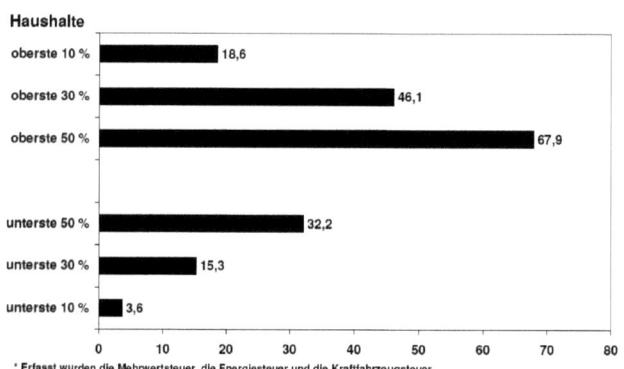

* Erfasst wurden die Mehrwertsteuer, die Energiesteuer und die Kraftfahrzeugsteuer.

Quelle: RWI/FiFo, Wer trägt den Staat? Die aktuelle Verteilung von Steuer- und Beitragslasten auf die Bevölkerung in Deutschland. Endbericht, Essen 2009, S. 25.

Danach erbringen die oberen 50 Prozent der Einkommensbezieher (Haushalte) zwei Drittel des Umsatzsteueraufkommens, die untere Hälfte nur etwa ein Drittel. Allein die obersten 30 Prozent tragen fast die Hälfte der gesamten Umsatzsteuerlast. Die unteren 10 Prozent sind dagegen mit 3,6 Prozent nur in geringem Umfang am Umsatzsteueraufkommen beteiligt. Im Vergleich zur Verteilung der Einkommensteuerlast zeigt sich: Die Umsatzsteuer »lastet« nicht in dem Maße auf den breiten Schultern wie die Einkommensteuer. Gleichwohl sind auch hier die oberen Einkommensgruppen auch die Hauptzahler.

Wirkt also auch die Umsatzsteuer progressiv wie die Einkommensteuer, d. h. belastet sie die Reichen mehr als die Armen? Nach den eben genannten Zahlen könnte man leicht zu diesem Schluss kommen. Und doch wäre er nicht korrekt!

Schaubild 23 zeigt, dass die untersten 10 Prozent der Haushalte (1. Dezil) rund 15 Prozent ihres Haushaltsbruttoeinkommens für indirekte Steuern aufwenden mussten, die obersten 10 Prozent dagegen nur 6,6 Prozent. Das mag auf den ersten Blick verwirren, wo doch aus *Schaubild 22* hervorgeht, dass die obersten 10 Prozent der Haushalte 18,6 Prozent des indirekten Steueraufkommens erbringen. Aber es ist wie folgt zu erklären:

- Die Summe der indirekten Steuern, die die ärmsten Haushalte bei ihren Einkäufen zahlen, ist zwar – gemessen am gesamten Aufkommen an indirekten Steuern – relativ gering. Denn die jeweiligen Einkaufsbeträge sind im Vergleich zu denen der reichsten Haushalte niedrig. Gemessen am Bruttoeinkommen der ärmsten Haushalte sind sie jedoch relativ höher. Deshalb ist der Prozentsatz – die relative Belastung – größer als bei den obersten zehn Prozent der Haushalte.
- Umgekehrt gilt: Die Summe der indirekten Steuern, die die reichsten Haushalte bei ihren Einkäufen zahlen, ist – ge-

Die Steuerlastverteilung 133

Schaubild 23 Belastung der Haushalte mit indirekten Steuern: Indirekte Steuern in Prozent des monatlichen Haushaltsbruttoeinkommens

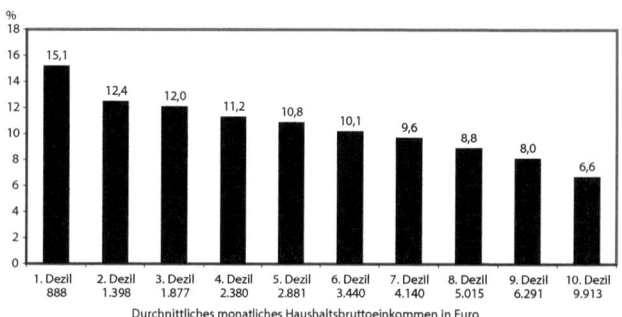

Quelle: RWI/FiFo, Wer trägt den Staat? Die aktuelle Verteilung von Steuer- und Beitragslasten auf die Bevölkerung in Deutschland, Essen 2009, S. 25.

messen am gesamten Aufkommen an indirekten Steuern – relativ hoch. Denn die jeweiligen Einkaufsvolumina sind im Vergleich zu denen der ärmeren Haushalte hoch. Gemessen am Bruttoeinkommen der reichen Haushalte machen die indirekten Steuern jedoch einen niedrigeren Prozentsatz aus.

Damit ergibt sich ein wesentlicher Unterschied zwischen der Lohn- und Einkommensteuer und den indirekten Steuern wie Mehrwertsteuer, Energiesteuer und Kraftfahrzeugsteuer: Bei der Einkommensteuer wächst der Steuersatz, bei den indirekten Steuern dagegen sinkt er mit steigendem Einkommen. Das führt zu folgender Erkenntnis:

Die Lohn- und Einkommensteuer wirkt *progressiv* (= wachsend), die indirekten Steuern wirken *regressiv* (= abnehmend).

- **Je höher das Einkommen eines Haushalts, desto höher ist die relative Belastung durch die Einkommensteuer und**

desto niedriger ist die relative Belastung mit indirekten Steuern.
- Je geringer das Einkommen eines Haushalts, desto niedriger ist die relative Belastung durch die Lohn- bzw. Einkommensteuer, desto höher ist die relative Belastung mit indirekten Steuern.

6.3.3 Gesamtabgaben

Damit stellt sich die Frage nach der gesamten Abgabebelastung. Sie besteht nicht nur aus der Lohn- und Einkommensteuer und den indirekten Steuern, sondern auch aus den Sozialversicherungsabgaben. Das Rheinisch-Westfälische Institut für Wirtschaftsforschung, Essen (RWI) und das Finanzwissenschaftliche Forschungsinstitut an der Universität Köln (FiFo) haben auch dazu Berechnungen angestellt.

Der Personenkreis, der Sozialversicherungsabgaben zahlt, ist nicht deckungsgleich mit den Einkommensteuer- und Umsatzsteuerzahlern. So gehören die Beamten nicht zum Kreis der Sozialversicherungspflichtigen, auch nur wenige Selbständige sind freiwillig Mitglied der gesetzlichen Renten- oder Krankenversicherung, sondern gehören eigenen, berufsständischen Versorgungseinrichtungen an. Ein weiteres Merkmal der Sozialversicherung ist die sog. *Beitragsbemessungsgrenze* (= Einkommen, bis zu dem höchstens ein prozentualer Beitrag vom Einkommen zur Renten-, Kranken- oder Arbeitslosenversicherung erhoben wird). Gut verdienende Angestellte, deren Einkommen über der Beitragsbemessungsgrenze liegt, zahlen deshalb nur *den* Beitrag, der fällig wäre, wenn ihr Einkommen genauso hoch wäre wie die Beitragsbemessungsgrenze. Deshalb wächst die Belastung der reichen Arbeitnehmerhaushalte mit Sozialabgaben, anders als bei der Einkommensteuer, nicht mit steigendem Einkommen

Schaubild 24 Finanzierungsanteil der Haushalte an Steuern und Sozialversicherungsbeiträgen* 2008

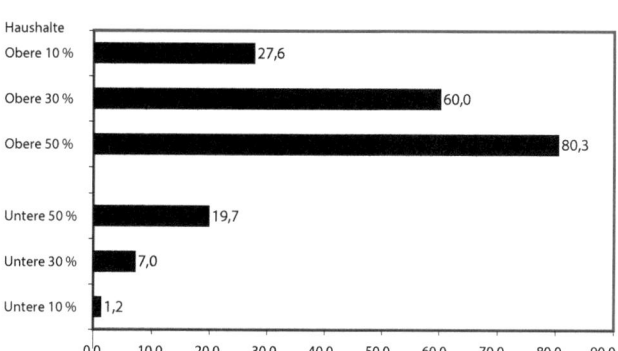

* inklusive Arbeitgeberbeiträge zur Sozialversicherung.
Quelle: RWI/FiFo, Wert trägt den Staat? Die aktuelle Verteilung von Steuer- und Beitragslasten auf die Bevölkerung in Deutschland, Endbericht, Essen 2009, S.33 (Basis: Fortschreibung der EVS 2003 bis 2008).

an, sondern geht ab Überschreiten der Beitragsbemessungsgrenze relativ zurück. Die Wirkung ist also *regressiv*.

Fasst man Steuern und Sozialabgaben zusammen, ergibt sich folgendes Bild:

- Die reichere Hälfte der Haushalte erbringt 80 Prozent der wesentlichen Staatseinnahmen, bestehend aus Lohn- und Einkommensteuer, indirekten Steuern und Sozialversicherungsbeiträgen.
- Die ärmere Hälfte der Haushalte trägt im Vergleich dazu nur 20 Prozent zu den Staatseinnahmen bei.
- Die obersten 10 Prozent der Haushalte steuern 28 Prozent zu den Staatseinnahmen bei. Das ist zwar nicht so viel wie bei der Einkommensteuer (da waren es 54 Prozent, siehe Schaubild 19), aber immerhin noch deutlich mehr als ein Viertel. Der Beitrag der unteren 10 Prozent beläuft sich dagegen nur auf gut ein Prozent.

Wer zahlt die Steuern?

Schaubild 25 Finanzierungsanteil der Haushalte an den gesamten Abgaben (Steuern und Sozialversicherungsbeiträge*) in Mrd. Euro (2008)

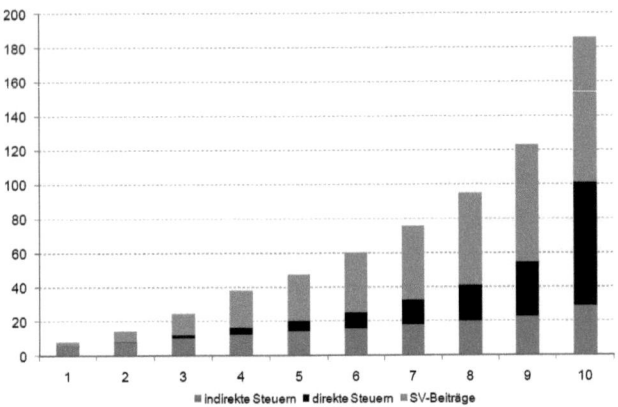

* einschließlich Arbeitgeberbeiträge zur Sozialversicherung.

Quelle: RWI/FiFo, Wer trägt den Staat? Die aktuelle Verteilung von Steuer- und Beitragslasten auf die Bevölkerung in Deutschland. Endbericht, Essen 2009, S. 34.

Datenbasis: Einkommen- und Verbrauchsstichprobe 2003 des Statistischen Bundesamtes, fortgeschrieben bis 2008.

Schaubild 25 stellt die Gesamtbelastung noch einmal in anderer Form grafisch dar. Folgende Erkenntnisse lassen sich daraus ableiten:

- **Die hohe Abgabenbelastung der Haushalte in Deutschland ist insbesondere auf die Sozialabgaben zurückzuführen (oberster Teil der Säulen in Schaubild 25).**
- **Von allen drei Abgabearten steigt die Belastung durch indirekte Steuern (unterster Teil der Säule) mit wachsendem Einkommen am wenigsten an.**
- **Insgesamt leisten die oberen Einkommen einen beachtlichen Beitrag zur Finanzierung des Staates. Das Abgabensystem insgesamt wirkt progressiv, was in einem Sozialstaat wie Deutschland auch politisch erwünscht ist.**

Es sollte der Vollständigkeit halber noch erwähnt werden, dass die Einkommen- und Verbrauchsstichprobe des Statistischen Bundesamtes nicht alle Haushalte erfasst, sondern nur die mit einem monatlichen Haushaltsnettoeinkommen bis zu 18 000 Euro. Eine kleine Zahl von Top-Verdienern ist also in diesen Schaubildern nicht enthalten. An den grundsätzlichen Aussagen zur Steuerlastverteilung ändert diese Erfassungslücke jedoch nichts.

Nachdem wir in diesem Kapitel die Frage »Wer zahlt die Steuern?« theoretisch und empirisch (= mit Zahlen bzw. Fakten belegt) beantwortet haben, können wir uns im folgenden Kapitel mit aktuellen politischen Kontroversen befassen.

7 Brauchen wir höhere oder niedrigere Steuern?

Kaum eine Woche vergeht, ohne dass das Thema »Steuern erhöhen oder senken« diskutiert wird. Mal sachlich, mal emotional werden die Debatten in den Parlamenten und in den Medien geführt. In diesem Kapitel wollen wir uns fachlich fundiert mit dem Problem auseinandersetzen. Das setzt voraus: Wir müssen uns genau ansehen,

- welche Vorstellung Befürworter und Gegner von Steuererhöhungen oder -senkungen vom Funktionieren der Wirtschaft haben, d.h. *welche ökonomische Theorie* ihren Positionen zugrunde liegt, und
- welche *Ziele* sie mit der Steuerpolitik verwirklichen wollen,
- welche *Rolle* sie grundsätzlich *dem Staat* zuerkennen.

Dann werden wir die Pro- und Contra-Argumente sehr viel besser nachvollziehen und auch gesellschaftspolitisch einordnen können. Darüber hinaus ist es wichtig, die ökonomischen und politischen Folgen zu betrachten, die von der Deregulierung der Finanzmärkte (= Aufhebung der Kontrollen über den nationalen und internationalen Kapitalverkehr) ausgehen.

7.1 Die politische Kontroverse: Einkommensteuer

Seit Jahrhunderten befassen sich verschiedene Wissenschaftsdisziplinen mit der Frage, wie weit man bei der Besteuerung gehen kann. Ausweichreaktionen der Bürger bei der Einführung von Steuern deuten darauf hin: Irgendwann ist eine Grenze der steuerlichen Belastbarkeit erreicht: konfiskatorische (konfiszieren = von Staats wegen oder gerichtlich beschlagnahmen) Steuern, die die Bürger total enteignen, und das ohne Entschädigung, dürften auf der ganzen Welt abgelehnt werden. Allerdings sind die Grenzen, ab wann die Bürger eine Steuerlast als zu hoch empfinden und sich vom Staat »ausgequetscht« fühlen, von Zeitalter zu Zeitalter, von Land zu Land und auch von Individuum zu Individuum verschieden.

Der Kölner Finanzwissenschaftler *Günter Schmölders* schrieb dazu:

»Im 19. Jahrhundert hielt man diese Grenze bei 10 % entsprechend dem alten ›Zehnten‹ für erreicht, um die Jahrhundertwende bezeichnete P. Leroy-Beaulieu eine steuerliche Belastung von 12–15 % des Einkommens als obere Grenze des Zumutbaren, J. Popitz glaubte an eine psychologische Höchstgrenze der Besteuerung bei einem Drittel des Einkommens und die heutige (Mitte der 60er Jahre des 20. Jahrhunderts, H. A.) amerikanische Finanzwissenschaft spricht von 50 % als dem ›Psychological Breaking Point‹ (= psychologische Bruchstelle, H. A.), bei dem der Steuerpflichtige noch das Empfinden habe, für seinen eigenen Geldbeutel und noch nicht überwiegend für das Finanzamt zu arbeiten.« (Schmölders, G., Finanzpolitik, 2. Aufl., Berlin Heidelberg New York 1965, S. 215)

Aus diesem Zitat können wir lernen:

- Der Streit über die »richtige Höhe der Steuern« und die Grenzen der Steuerbelastung ist nicht neu, sondern uralt.
- Wenn es offensichtlich über Jahrzehnte hinweg und von Land zu Land unterschiedlich hohe Steuern gab, die Meinungen über die Grenze der steuerlichen Belastbarkeit auseinandergingen und sich im Laufe der Zeit wandelten, kann es keine eindeutige Antwort auf die Frage geben, ob die Steuern erhöht oder gesenkt werden müssen. Deshalb müssen wir – wie eingangs bereits ausgeführt – die ökonomischen und politischen Hintergründe steuerpolitischer Vorschläge analysieren.

7.1.1 Durch Steuersenkung zu mehr Wachstum und Wohlstand?

In den ersten drei Nachkriegsjahrzehnten spielte das Thema Steuersenkung oder Steuererhöhung in der politischen Debatte keine große Rolle. Zwar gab es immer wieder Steuerreformen, bei denen der Steuertarif an die allgemein gestiegenen Einkommen angepasst wurde. Dadurch wurde vermieden, dass Bezieher niedriger und mittlerer Einkommen allein aufgrund der tariflichen Lohn- und Gehaltserhöhungen dauerhaft in Steuerklassen hineinwuchsen, die ursprünglich für obere Einkommensbezieher vorgesehen waren. Wenn untere und mittlere Einkommensschichten allein aufgrund des allgemeinen Einkommenswachstums im Lauf der Jahre prozentual mehr Einkommensteuer bezahlen müssen, spricht man von *kalter Progression*. (Kalt, weil es eigentlich steuerpolitisch nicht gewollt ist. Progression = lateinisch: Anwachsen).

Den Verlauf des Einkommensteuer-Spitzensatzes von 1958 bis 2010 zeigt *Schaubild 26*.

Es zeigt: Am Spitzensteuersatz von 53 bzw. 56 Prozent

Schaubild 26 Entwicklung des Einkommensteuer-Spitzensatzes 1958 bis 2010

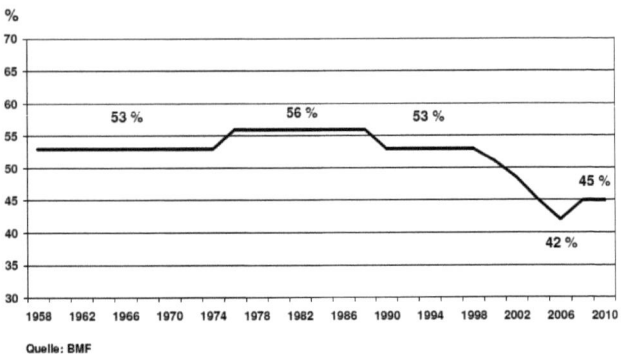

Quelle: BMF

wurde jahrelang nichts verändert. Erst um die Jahrtausendwende wurde der Spitzensteuersatz von der rot-grünen Bundesregierung unter *Gerhard Schröder (SPD)* drastisch auf 42 Prozent gesenkt. Die zweite große Koalition aus CDU/CSU und SPD unter *Angela Merkel (CDU)* führte die sog. Reichensteuer von drei Prozent für Jahreseinkommen über 250 000/ 500 000 Euro (Ledige/Verheirate) ein. Dadurch stieg der Spitzensteuersatz wieder leicht auf 45 Prozent, ohne allerdings die Höhe im Zeitraum von 1960 bis 2000 zu erreichen.

Der Leser beachte: Ein hoher Spitzensteuersatz bedeutet nicht zwingend, dass die Bezieher hoher Einkommen auch entsprechend höhere Steuern bezahlen müssen. Maßgebend ist immer, an welches zu versteuernde Einkommen der Spitzensteuersatz anknüpft.

Ein Beispiel:
Meier hat ein Gesamteinkommen von 500 000 Euro jährlich. Davon kann er im *Fall A* (breite Bemessungsgrundlage) 100 000 Euro Steuer mindernd geltend machen. Sein zu ver-

steuerndes Einkommen beträgt dann 400 000 Euro. Bei einer durchschnittlichen Steuerbelastung von 42 Prozent beträgt seine zu entrichtende Steuer dann 168 000 Euro.

Im *Fall B* (schmale Bemessungsgrundlage) soll er dagegen bei gleichem Gesamteinkommen 200 000 Euro Steuer mindernd davon abziehen können. Sein zu versteuerndes Einkommen beträgt dann 300 000 Euro. Selbst bei einem um zehn Prozentpunkte höheren Durchschnittssteuersatz, also 52 Prozent, müsste er nur 156 000 Euro Steuern bezahlen.

Fall A Niedriger Steuersatz von **42 %** breite Bemessungsgrundlage		Fall B Höherer Steuersatz von **52 %** schmale Bemessungsgrundlage
500 000 Euro	Gesamteinkommen	500 000 Euro
100 000 Euro	Steuer mindernde Abzüge	200 000 Euro
400 000 Euro	Zu versteuerndes Einkommen (= Bemessungsgrundlage)	300 000 Euro
168 000 Euro	Steuerschuld	156 000 Euro

Mit anderen Worten: Bei einer breiten Bemessungsgrundlage kann die zu zahlende Steuer trotz eines niedrigeren Steuersatzes höher sein als bei einer schmalen Bemessungsgrundlage, d. h. bei vielen Absetzmöglichkeiten.

Kommen wir zurück zur Senkung des Spitzensteuersatzes in der rot-grünen Ära. Was war der Grund für diese einschneidende steuerpolitische Maßnahme?

Der Ursprung für die Wende in der deutschen Steuerpolitik, aber auch der anderer Länder, liegt in den USA. In der Amtszeit des republikanischen US-Präsidenten *Ronald Reagan (1981–1989)* wurden die Einkommensteuersätze radikal gesenkt: in der ersten Amtszeit Reagans (1981 bis 1985) wurde der Spitzensteuersatz von vorher 70 auf 50 Prozent, in der untersten Steuerklasse von vorher 14 auf 11 Prozent gesenkt. In der zweiten Amtszeit (1985 bis 1989) folgten weitere Senkungen beim Spitzensteuersatz bis auf 28 Prozent. (2012 betrug der höchste Steuersatz in den USA wieder 35 Prozent).

Diese Steuerpolitik wurde maßgeblich von der Theorie des amerikanischen Ökonomen *Arthur B. Laffer* beeinflusst. Seine Kernaussage lautet:

Das Steueraufkommen eines Landes hängt von der Höhe des Steuersatzes ab. Es steigt zunächst mit dem Steueransatz an, aber nur bis zu einem optimalen Satz. Wird der Steuersatz über diesen optimalen Satz erhöht, gehen die Steuereinnahmen wieder zurück. Grund: Die Bürger sehen in Steuersätzen jenseits des optimalen Wertes ein so großes Anreiz- und Leistungshemmnis, dass sie ihre unternehmerischen Aktivitäten einschränken und damit eine wirtschaftliche Schwächeperiode auslösen, die die Steuereinnahmen sinken lässt.

In seinem 1979 erschienenen Buch »The Economics of Tax Revolt« (deutsch: Ökonomie der Steuerrevolte) hat er diesen Zusammenhang in einer Kurve dargestellt, die man seither weltweit als *Laffer-Kurve* oder auch als *Laffer-Theorem* (Theorem = Lehrsatz) bezeichnet *(Schaubild 27)*. Sie zeigt, wie das Steuer*aufkommen* wächst (Bereich links von der gestrichelten senkrechten Linie im Schaubild), bis ein optimaler Steuer*satz* erreicht ist, mit dem das größte Steueraufkommen erzielt wird. Danach (Raum rechts von der gestrichelten Linie) geht das Steuer*aufkommen* wieder zurück, obwohl der Steuer*satz* steigt.

Laffer selbst berichtet, er habe die Kurve schon vor Veröffentlichung seines Buches bei einem Abendessen in Washing-

Schaubild 27   Laffer-Kurve

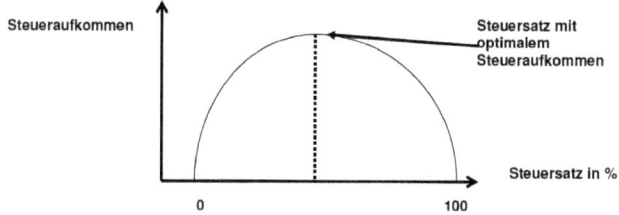

ton im Dezember 1974 auf eine Serviette gekritzelt, um diesen (angeblichen) Zusammenhang plastisch vor Augen zu führen. (Laffer 2004) Das Laffer-Theorem ist schlicht und genial zugleich: Schlicht, weil es die Komplexität der Steuersysteme in vielen Staaten der Welt auf eine einfache Formel bringt. Genial, weil es den Eindruck erweckt, als ob Steuerpolitik eine ganz simple Angelegenheit wäre.

Die Wirklichkeit ist aber weitaus komplizierter. Das zeigt der über dreißig Jahre währende heftige Streit, der seitdem in der Wissenschaft über das *Laffer-Theorem* stattgefunden hat. Inzwischen sieht man es sehr differenziert:

- Unumstritten ist: Steuersatzsenkungen *können* zu mehr wirtschaftlichem Wachstum (= Anstieg des Bruttoinlandsprodukts) führen. Mehr Wachstum wiederum bedeutet höhere Einkommen und Umsätze. Die wiederum führen zu höheren Steuereinnahmen.
- Fraglich ist allerdings: Ist der Impuls auf das wirtschaftliche Wachstum so groß, dass die Steuereinnahmen insgesamt nach der Steuersatzsenkung höher oder zumindest gleich hoch sind wie vor der Steuersatzsenkung. Die Ökonomen sprechen in diesem Fall von einem *Selbstfinanzierungseffekt*.

Wie immer in der Wirtschaft hängt die tatsächliche Wirkung einer ökonomischen Maßnahme vom Verhalten der Verbraucher, der Arbeitnehmer und der Unternehmer ab. Wie reagieren die Menschen, wenn sie weniger Steuern zahlen müssen?

- Kaufen die privaten Haushalte mehr und erhöhen dadurch die Umsätze der Unternehmen? Oder sparen sie das, was ihnen durch die Steuersatzsenkung bleibt, weil sie für die eventuell schlechtere Zeiten etwas zurücklegen wollen?
- Arbeiten die Arbeitnehmer mehr, weil sie spüren, es lohnt sich wieder, sich anzustrengen, weil ihnen mehr Netto vom Brutto bleibt? Oder passiert genau das Gegenteil: Arbeiten sie weniger, weil sie das gewohnte, frühere Nettoeinkommen in kürzerer Arbeitszeit erreichen können? (In der Wirtschaftstheorie wird davon ausgegangen, dass die Arbeitnehmer ihre Arbeitszeit frei bestimmen können. Das ist in Wirklichkeit nur bedingt der Fall, weil sie an feste Arbeitsverträge gebunden sind. In Bereichen, in denen bezahlte Überstunden üblich sind, ist es jedoch durchaus denkbar, dass die Bereitschaft, diese zu leisten, sinkt, wenn der erreichte Lebensstandard als ausreichend empfunden wird.)
- Investieren die Unternehmen mehr, d.h. kaufen sie neue Maschinen und Anlagen, um mehr zu produzieren? Oder legen sie ihre zusätzlichen Erträge Zins bringend bei ihrer Bank an und warten ab, wie sich die allgemeine Wirtschaftslage entwickelt?
- Und schließlich ganz wichtig: Wie reagiert der Staat, wenn er tatsächlich mehr Steuern einnimmt als zuvor? Nutzt er sie, um seine Schulden abzubauen? Und was macht er, wenn der *Laffer-Effekt* nicht eintritt? Kürzt er dann seine Ausgaben, insbesondere im sozialen Bereich, um seinen Haushalt auszugleichen? Das würde dann die Kaufkraft der privaten Haushalte wieder einschränken und den beabsichtigten Wachstumsimpuls eher verringern.

Wir sehen: Es gibt nicht die *eine,* für jedes Land und für jede Zeit geltende Wirkung einer Steuersatzsenkung. Ob sich ein Land in *Schaubild 27* auf der rechten Hälfte der Kurve befindet und eine Steuersatzsenkung zu mehr Steuereinnahmen führt oder ob das genaue Gegenteil passiert, ein Land sich also in der linken Hälfte der Kurve befindet, hängt von den Reaktionen der Menschen ab. Und diese sind von Land zu Land und von Zeitpunkt zu Zeitpunkt verschieden. Auch der Entwicklungsstand einer Volkswirtschaft spielt dabei eine Rolle.

In einem von der Europäischen Zentralbank (EZB) 2010 veröffentlichten Arbeitspapier zum Thema »Wie weit sind wir vom optimalen Steuersatz entfernt? Die Laffer-Kurve neu betrachtet« (engl. Originaltitel: How Far are we from the Slippery Slope? The Laffer Curve revisited. Slippery slope = wörtlich: glatter Abhang. Damit ist der Bereich rechts vom optimalen Steuersatz gemeint) haben *Matthias Trabandt* (Europäische Zentralbank und Schwedische Reichsbank) und *Harald Uhlig* (Universität Chicago) versucht zu ermitteln. Ihre zentrale Fragestellung lautete:

Inwieweit tritt in den USA, in der EU sowie in einzelnen EU-Ländern nach einer Steuersenkung ein *Selbstfinanzierungseffekt* **ein, d.h. wie viel Prozent der durch eine Steuersatzsenkung bedingten Steuerausfälle kommen durch höheres Wirtschaftswachstum wieder herein?**

Ergebnis für Deutschland:

Nur 50 Prozent einer Einkommensteuersatzsenkung würden sich in Deutschland selbstfinanzieren (Trabandt/Uhlig 2010, Tab. 9, S. 29). Erst wenn die Steuer-/Abgabenbelastung bei über 64 Prozent läge, also deutlich höher wäre als heute, würde der Laffer-Effekt eintreten und Steuersatzsenkungen würden der Wirtschaft einen derart großen, zusätzlichen

Impuls geben, dass es unter dem Strich zu keinen Steuerausfällen, sondern zu Steuermehreinnahmen käme.

Was bedeutet dieses Ergebnis politisch? Eine Senkung des Einkommensteuersatzes würde zwar belebend auf die Wirtschaft wirken, aber nicht so sehr, dass die Steuerausfälle durch eine bessere Konjunktur wieder ausgeglichen würden. Das Haushaltsdefizit würde sich also vergrößern, statt – wie die Befürworter von Steuersenkungen behaupten – verringern.

Die mit ökonometrischen Methoden (Ökonometrie = Anwendung mathematischer Methoden zur Überprüfung von ökonomischen Theorien) gewonnenen Erkenntnisse decken sich im Prinzip auch mit den Erfahrungen, die man in der praktischen Politik gesammelt hat. So stieg unter der Reagan-Administration das Haushaltsdefizit der USA in bisher nie gekannte Höhen, wozu neben den Steuersatzsenkungen allerdings auch die gleichzeitige Expansion der Militärausgaben beigetragen hat.

In Deutschland musste man ähnliche Erfahrungen machen: Als die rot-grüne Bundesregierung Anfang der 2000er Jahre die – wie der damalige Bundesfinanzminister *Hans Eichel (SPD)* stolz verkündete – größte Steuersenkung in der Nachkriegsgeschichte durchführte, kam es zu Steuerausfällen, ohne dass danach die Konjunktur ausreichend »angesprungen« wäre. Die entstandenen Löcher im Staatshaushalt mussten durch höhere Staatsverschuldung gestopft werden mit der Folge, dass Deutschland die in im *Maastricht-Vertrag* der EU vereinbarte Höchstmarke der Staatsverschuldung (60 Prozent des Bruttoinlandsprodukts) überschritt. Schließlich wurde 2007 von der großen Koalition die Mehrwertsteuer von 16 Prozent auf 19 Prozent erhöht, um den Anstieg der Staatsverschuldung zu begrenzen. Trotzdem lief die Konjunktur danach so gut und die Steuereinnahmen sprudelten so kräftig, dass der Staat kurz vor dem Ziel stand, keine neuen (zusätzlichen) Schulden mehr aufnehmen zu müssen. Die aus den USA auf Europa überschwappende Finanzmarktkrise 2008/09 machte dem jedoch einen Strich durch die Rechnung.

Damit ist *nicht* gesagt, dass der vom *Laffer-Theorem* behauptete Zusammenhang reine Theorie ist und in der Praxis keine Bedeutung hat. Es mag durchaus Situationen geben, in denen Steuererhöhungen das Gegenteil von dem bewirken, was sie beabsichtigen. Nach der erwähnten Studie von *Trabandt/Uhlig* befindet sich Deutschland jedoch nicht rechts vom optimalen Steuersatz, sondern links davon. Mit anderen Worten: Die Möglichkeiten zur Erhöhung des Einkommensteuersatzes, ohne Einbußen an Steuereinnahmen hinnehmen zu müssen, sind bei weitem nicht ausgeschöpft.

Obwohl die positiven Wirkungen von Steuersatzsenkungen auf Wachstum und Staatsfinanzen nach den bisherigen theoretischen und empirischen Erkenntnissen fragwürdig sind, greifen konservative und liberale Politiker das *Laffer-Theorem* gerne auf und rechtfertigen damit ihre steuerpolitischen Vorstellungen. Ohne es belegen zu können behaupten sie, die steuerliche Belastung sei zu hoch (d.h. das Land befinde sich rechts vom optimalen Steuersatz), und deshalb müsse man die Steuern senken. Was steckt dahinter?

Steuersenkungen sind populär, und ihre Rechtfertigung mit dem *Laffer-Theorem* gibt ihnen einen wissenschaftlichen Anstrich. Das Versprechen

»niedrigere Steuern → mehr Wachstum → geringere Arbeitslosigkeit → mehr Wohlstand für alle«

klingt verlockend und ist für viele eingängig. Da anzunehmen ist, dass die Diskussion um das *Laffer-Theorem* den fachlich versierten Befürwortern von Steuersenkungen wohl bekannt ist, muss etwas Weitergehendes dahinter vermutet werden. Vieles spricht dafür:

Die Befürworter von Steuersenkungen verfolgen eine politische Strategie, die darauf abzielt, unter dem Deckmantel des »wissenschaftlichen« *Laffer-Theorems* langfristig die staatlichen, vor allem sozialen Ausgaben zu reduzieren und die Einkommensverteilung zugunsten der Oberschichten zu verändern.

Warum? Steuersatzsenkungen lösen – wie wir gezeigt haben – den erwünschten Selbstfinanzierungseffekt über höheres Wachstum *nicht* aus. Folglich wird nach einer Steuersatzsenkung ein großes Loch in die öffentlichen Haushalte gerissen, das gestopft werden muss. Eine Erhöhung der Staatsverschuldung wird künftig nicht mehr möglich sein, wenn man die neu ins Grundgesetz aufgenommene Schuldenbremse ernst nimmt. Eine Rücknahme der Steuersatzsenkung scheidet aus, solange *die* Regierung an der Macht ist, die sie beschlossen hat – müsste sie doch dann ihre Fehlentscheidung eingestehen. Dann bliebe aber nur die Senkung der Ausgaben, und da wären die Sozialleistungen für konservativ-liberale Regierungen ein willkommener Ansatzpunkt.

Noch einen weiteren – aus konservativ-liberaler Sicht – positiven Effekt bringt die Steuersatzsenkung mit sich: Die Entlastung fällt bei den oberen Einkommen höher aus als bei den niedrigen Einkommen. Das hängt mit der progressiven Ausgestaltung der Einkommensteuer zusammen. Da die unteren Einkommen nur gering besteuert werden, sind auch die steuerlichen Entlastungseffekte bei ihnen begrenzt. Demgegenüber schlagen sich Steuersenkungen bei den oberen Einkommensbeziehern in deutlich höheren Rückgängen der individuellen Steuerlast nieder. Folge: Die Abstände zwischen den Haushaltsnettoeinkommen der unteren und der oberen Einkommensbezieher wachsen, die Einkommensverteilung wird ungleichmäßiger.

Schaubild 28 zeigt diesen Effekt für Deutschland nach der größten Steuersenkung 2001 deutlich. Hatten im Jahr 2000 die

Schaubild 28 Einkommensungleichheit[1] in Deutschland
2000 bis 2010

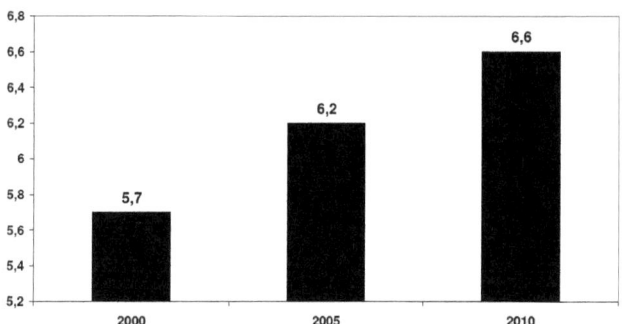

1 Verhältnis des Anteils der obersten 20 Prozent der Einkommensbezieher zum Anteil der untersten 20 Prozent der Einkommensbezieher am Gesamteinkommen (Haushaltsnettoeinkommen äquivalenzgewichtet)

Quelle: Informationsdienst Soziale Indikatoren (ISI), Ausgabe 48/2012 (Datenbasis: SOEP)

obersten 20 Prozent der Einkommensbezieher nur das 5,7-fache des Haushaltsnettoeinkommens der untersten 20 Prozent, so lag der Abstand zehn Jahre später beim 6,6-fachen. Die Ungleichheit der Nettoeinkommen hat also zugenommen.

Diese Entwicklung zunehmend größer werdender Einkommensunterschiede ist nicht auf Deutschland beschränkt. Sie zeigt sich in allen Ländern der OECD (= Organisation für wirtschaftliche Zusammenarbeit und Entwicklung), weil – von den USA zu Beginn der achtziger Jahre des vorigen Jahrhunderts ausgehend – alle unabhängig von der parteipolitischen Ausrichtung der jeweiligen Regierungen eine Steuersenkungspolitik betrieben haben. Deshalb wuchsen in allen Ländern – mit Ausnahme Frankreichs – die Einkommen des obersten Zehntels schneller als die des untersten Zehntels *(Schaubild 29)*. Und für die Steuersenkungspolitik hat – wie wir gesehen haben – das in den meisten Fällen gar nicht zutreffende *Laffer-Theorem* Pate gestanden, d. h. zur politischen Rechtfertigung gedient.

Schaubild 29 Reale[1] Haushaltsnettoeinkommen[2] in OECD-Ländern: Jahresdurchschnittliche Veränderung in Prozent Mitte der 1980er Jahre bis Ende der 2000er Jahre

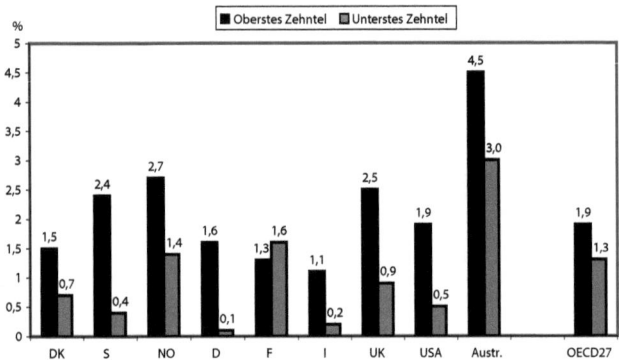

1 Real = preisbereinigt, d. h. unter Abzug der Inflationsrate. – 2 Äquivalenzeinkommen, d. h. unter Berücksichtigung der Haushaltsgröße.

Quelle: OECD, Divided we stand: Why Inequality keeps rising, Paris 2011, S. 23.

7.1.2 Durch Steuererhöhung zu mehr sozialer Gerechtigkeit?

Auch für die gegenteiligen Maßnahmen, nämlich Steuererhöhungen, gibt es eine wissenschaftliche Begründung. Ihr liegt das sog. *Haavelmo-Theorem* des norwegischen Ökonomen *Trygve Magnus Haavelmo (1911–1999)* zugrunde. Es besagt:

Eine Erhöhung der Einkommensteuer führt – ceteris paribus (= lateinisch: wenn alles andere gleich bleibt) – zu einer höheren volkswirtschaftlichen Gesamtnachfrage, wenn die damit erzielten zusätzlichen Steuereinnahmen vom Staat wieder voll für Käufe von Produkten verausgabt werden.

Ausgangspunkt dieses Theorems – dargestellt in einem 1945 in einer wissenschaftlichen Zeitschrift veröffentlichten Aufsatz – ist das in der Wirklichkeit anzutreffende Konsum- und Sparverhalten der privaten Haushalte:

- Je höher das verfügbare Einkommen eines privaten Haushalts ist, einen desto größeren Anteil seines Einkommens spart er, d.h. gibt er nicht für Konsumkäufe wie z.B. Kleidung, Auto, Reisen usw. aus. Den Anteil der Ersparnis am verfügbaren Einkommen nennt man *Sparquote,* den Anteil der Konsumausgaben am Einkommen nennt man *Konsumquote.*
- Je niedriger das Einkommen eines privaten Haushalts ist, einen desto geringeren Anteil seines Einkommens kann er zurücklegen, d.h. sparen. Denn den größten Teil seines Einkommens muss er für den Kauf der Güter und Dienstleistungen des täglichen Bedarfs ausgeben.

Mit anderen Worten: Mit steigendem Einkommen sinkt die Konsumquote und steigt die Sparquote. Dieser Zusammenhang ist leicht nachvollziehbar. Denn er entspricht unseren alltäglichen Erfahrungen. In *Schaubild 30* ist er gut zu erkennen: Die untersten zehn Prozent der Einkommensbezieher sparen nur 1,8 Prozent ihres verfügbaren monatlichen Haushaltsnettoeinkommens. Im zweiten und dritten Einkommenszehntel steigt die Sparquote auf 4,3 Prozent bzw. 6,4 Prozent. Die mittleren Einkommen (4. bis 6. Zehntel) sparen jeweils 7,9 Prozent, 8,3 Prozent und 9 Prozent ihres monatlich verfügbaren Haushaltseinkommens. Und das wird immer mehr, je höher das Einkommen ist. Die obersten zehn Prozent der Haushalte sparen fast 17 Prozent ihres Einkommens.

Die Höhe des Einkommens ist allerdings *nicht* der alleinige Bestimmungsfaktor für Konsum- und Sparquote. Auch das Alter spielt eine wichtige Rolle. Junge Haushalte stehen

Schaubild 30 Sparquote[1] der privaten Haushalte nach Einkommensdezilen[2] 2011

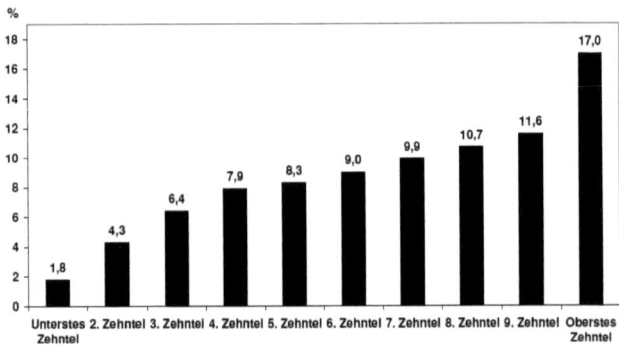

1 Anteil des monatlichen Sparens am Haushaltsnettoeinkommen pro Monat.
2 Einkommensdezil = Einkommenszehntel. Das zweite Dezil ist also die Kategorie der untersten 20 Prozent der Einkommensbezieher.
Quelle: Brenke, K./Wagner, G. G., Ungleiche Verteilung der Einkommen bremst das Wirtschaftswachstum, in: Wirtschaftsdienst, Heft 2/2013, S. 114.

erst am Anfang ihrer Berufskarriere, verdienen noch nicht viel und sparen dementsprechend noch wenig, manche machen sogar Schulden. Auch ältere Haushalte, die sich bereits im Ruhestand befinden, können durchaus eine negative Sparquote haben, wenn sie ihr angesammeltes Vermögen allmählich aufzehren. Die Sparquote von Haushalten mittlerer Jahrgänge, die die Spitze ihrer beruflichen Karriere erreicht haben und deren Kinder bereits aus dem Haus sind, sparen dafür im Vergleich zu jüngeren und ganz alten relativ viel, zum einen, weil sie fürs Alter vorsorgen möchten, zum anderen, weil ihr Einkommen ein höheres Sparen zulässt.

Doch dieses unterschiedliche, vom Alter abhängige Sparverhalten spielt für die uns interessierende Frage keine Rolle. Uns interessiert:

Wie wirkt eine Steuererhöhung, speziell für obere Einkommen, auf Konjunktur, Wachstum und Beschäftigung einer Volkswirtschaft?

Die Antwort, die sich mit Hilfe des *Haavelmo-Theorems* geben lässt, lautet:

Eine Steuererhöhung, speziell für die oberen Einkommensschichten, erhöht das Wachstum und die Beschäftigung einer Volkswirtschaft. Der Staat muss die zusätzlichen Steuereinnahmen allerdings in den Wirtschaftskreislauf in Form von Güterkäufen zurückschleusen und somit Nachfrage entfalten.

Das lässt sich mit einem Zahlenbeispiel wie folgt begründen: Müssen die privaten Haushalte auf einen Teil ihres Nettoeinkommens verzichten, weil sie höhere Steuern zahlen müssen, schränken sie ihren Konsum und ihre Ersparnis ein, und zwar in Höhe ihrer jeweiligen Konsum- und Sparquote:

- Ein Haushalt mit einer Sparquote von 10 Prozent und einer Konsumquote von 90 Prozent zahlt also beispielsweise bei einer Steuererhöhung um 100 Euro (= 10 Prozent des bisherigen Nettoeinkommens), indem er für 90 Euro weniger konsumiert und 10 Euro weniger spart (siehe *Tabelle 13, obere Hälfte*).
- Ein Haushalt mit 20 000 Euro Monatseinkommen und einer Konsum- und Sparquote von je 50 Prozent zahlt im Falle einer Steuererhöhung um 2 000 Euro (= ebenfalls 10 Prozent des vorherigen Nettoeinkommens), indem er für 1 000 Euro weniger konsumiert und 1 000 Euro weniger spart (siehe *Tabelle 13, untere Hälfte*).

Wie immer in der Ökonomie gilt dieser Zusammenhang aller-

Tabelle 13

Haavelmo-Effekt bei niedrigem Einkommen (monatlich 2 000 € netto)

		Zusätzliche Steuer 100 € (5 %)	
Vorher:	2 000 € netto	Nachher:	1 900 € netto
davon:		davon:	
Sparen (10 %)	200 €	Sparen (10 %)	190 €
Konsum (90 %)	1 800 €	Konsum (90 %):	1 710 €
Privatnachfrage:	1 800 €	Privatnachfrage:	1 710 €
+ Staatsnachfrage:	– €	+ zusätzliche Staatsnachfrage:	100 €
Gesamtnachfrage:	1 800 €	Gesamtnachfrage:	1 810 €
		Nachfrageerhöhung:	**+ 10 €**

Haavelmo-Effekt bei hohem Einkommen (monatlich 20 000 € netto)

		Zusätzliche Steuer 2 000 € (10 %)	
Vorher	20 000 € netto	Nachher:	18 000 € netto
davon:		davon:	
Sparen (50 %)	10 000 €	Sparen (50 %)	9 000 €
Konsum (50 %)	10 000 €	Konsum (50 %):	9 000 €
Privatnachfrage:	10 000 €	Privatnachfrage:	9 000 €
+ Staatsnachfrage:	– €	+ zusätzliche Staatsnachfrage:	2 000 €
Gesamtnachfrage:	10 000 €	Gesamtnachfrage:	11 000 €
		Nachfrageerhöhung:	**+ 1000 €**

dings nur unter bestimmten Bedingungen. Ökonomen fügen deshalb in solche Aussagen die *Ceteris-Paribus-Klausel* ein, die besagt: *Wenn alles Übrige gleich bleibt!* Konkret heißt das: Es wird unterstellt, dass

- von den Steuererhöhungen keine abschreckende Wirkung auf die Bereitschaft der Unternehmen zu investieren ausgehen. Würden die Unternehmen nämlich weniger investieren, etwa weil sie sagen »Bei der höheren Steuerbelastung lohnt es sich nicht mehr, Geld für neue Maschinen und Anlagen auszugeben, weil der Staat zu viel von den zusätzlichen Erlösen wegsteuert«, gäbe es an anderer Stelle der Volkswirtschaft weniger Nachfrage und der erwartete positive Effekt auf Wachstum und Beschäftigung bliebe aus.
- der Staat seine zusätzlichen Steuereinnahmen in vollem Umfang für zusätzliche Produktkäufe und *nicht* zur Erhöhung von Transferleistungen ausgibt. Grund: Würde er z. B. damit das Kindergeld erhöhen, wäre nicht gewährleistet, dass die Familien das zusätzliche Geld auch vollkommen verausgaben. Sie könnten z. B. einen Teil davon für die Ausbildung ihrer Kinder sparen. So sinnvoll das aus Sicht der Eltern und Kinder auch langfristig wäre, volkswirtschaftlich hätte das weniger Privatnachfrage zur Folge. Die Gesamtnachfrage würde weniger steigen, im Extremfall gar nicht, und der positive Effekt auf Wachstum und Beschäftigung bliebe aus.

Mit anderen Worten: Die Steuererhöhung wirkt nach dem *Haavelmo-Theorem* nur dann wachstums- und beschäftigungsfördernd, wenn private Haushalte und Unternehmen ihr Verhalten nicht ändern und bei den oberen Einkommensschichten weder Ausweichreaktionen auf die zusätzlichen Steuern stattfinden, noch ihre Bereitschaft sinkt, Investitionen zu tätigen.

Wird das so eintreten, wie das die Befürworter von Steuererhöhungen, gestützt auf das *Haavelmo-Theorem*, erhoffen? Wieder hängt es vom tatsächlichen Verhalten der Verbraucher und Unternehmer ab, also vom menschlichen Verhalten, und das ist unsicher und deshalb schwer vorauszusagen. Überlegen wir aber trotzdem, welches weitergehende Ziel die Befürworter von Steuererhöhungen verfolgen:

Die Befürworter von Steuererhöhungen verfolgen eine politische Strategie, die darauf abzielt, mit dem Anspruch »mehr soziale Gerechtigkeit« langfristig die staatlichen Ausgaben, vor allem für die Infrastruktur, zu erhöhen und die Einkommensverteilung zugunsten der unteren Einkommensschichten zu verändern.

Es stehen sich also in der Steuerpolitik die grundsätzlichen Positionen

- mehr Staat (= höherer Anteil des Staates am Bruttoinlandsprodukt) und eine gleichmäßigere Einkommensverteilung

oder

- weniger Staat (geringerer Anteil des Staates am Bruttoinlandsprodukt) und eine größere Ungleichheit bei der Verteilung der Einkommen

gegenüber. Letztlich geht also um die Grundsatzfrage:

Welche Rolle soll der Staat in der Wirtschaft spielen?

Wenn wir uns im nächsten Unterabschnitt damit befassen, ob ein einfacheres Steuersystem möglich und wünschenswert ist, werden wir erkennen: Auch dabei geht es um die gleiche Grundsatzfrage.

7.1.3 Ein »einfacheres« Steuersystem?

Bekanntlich gilt das deutsche Steuersystem als das komplizierteste auf der ganzen Welt. So wird in der politischen Diskussion gelegentlich behauptet, die Hälfte der internationalen Steuerliteratur sei deutschsprachig, woraus geschlossen wird: Das deutsche Steuersystem sei so undurchschaubar, dass Tausende von Steuerexperten es ständig kommentieren und auslegen müssen. Doch das ist ein Mythos (= falsche Vorstellung). In Wirklichkeit sind es nur etwa zehn Prozent. Gemessen an der Bevölkerungszahl – in Deutschland leben nur rund zwei Prozent aller Steuerzahler weltweit – ist es dennoch ein beachtliches Volumen an Steuerliteratur, das auf Deutschland entfällt. (Löffler u. a. 2011, Fn. 1)

Das einfachste Steuersystem wäre eine *Kopfsteuer:* In diesem System würde jeder Bürger vom Säugling bis zum Greis die gleiche Steuer zahlen. Nach Berechnungen der Steuerexperten hätte dies zur Folge: Jeder müsste 600 Euro im Monat (!) an Steuern bezahlen, damit das augenblickliche Steueraufkommen erreicht würde. Aber wäre das gerecht, wenn Millionäre und Hartz-IV-Empfänger, Erwerbstätige und Rentner, Kinderreiche und Kinderlose alle eine gleich hohe Steuer bezahlen müssten?

Weil eine Kopfsteuer von der überwiegenden Mehrheit der deutschen Bevölkerung als ungerecht empfunden würde, setzt unser Steuersystem an der wirtschaftlichen Leistungsfähigkeit des Einzelnen, am Einkommen, an. Das Einkommen allein ist allerdings kein hinreichender Maßstab für die wirtschaftliche Leistungsfähigkeit. Denn die ist – auch bei gleichem Einkommen – von Person zu Person verschieden! Ein paar Beispiele:

- Eine alleinerziehende Mutter (oder Vater) hat eine andere wirtschaftliche Leistungsfähigkeit als eine junge Frau (oder Mann) ohne Kinder.
- Eine Familie, in der eine Großmutter oder ein Großvater pflegebedürftig ist, hat andere Aufwendungen als eine Familie ohne Pflegeverpflichtung, ist also anders steuerlich leistungsfähig.
- Ein Mensch mit körperlichen Einschränkungen/Behinderungen oder einer chronischen Krankheit hat andere, immer wiederkehrende Kosten als ein gesunder. Soll er trotzdem die gleiche Kopfsteuer bezahlen?
- Wer einen langen Weg zu seiner Arbeitsstätte hat, muss mehr für Fahrtkosten aufwenden als jemand, der nur drei U-Bahnstationen hat oder gar zu Fuß gehen kann. Also besteht unterschiedliche wirtschaftliche Leistungsfähigkeit.
- Wer aus beruflichen Gründen an einem weiter entfernten Ort arbeiten muss als sein/e Ehepartner/in, Lebensgefährte/in oder Freund/in, betreibt eine doppelte Haushaltsführung mit vielen Heimfahrten an Wochenenden. Sollen die Kosten dafür steuerlich unberücksichtigt bleiben?

Die Reihe von Faktoren, die zu einer jeweils individuell unterschiedlichen steuerlichen Leistungsfähigkeit führen, ließe sich beliebig lang fortführen. Bei jedem stellt sich die Frage, bei welchem Betrag (steuertechnisch gesprochen: bei welcher *Bemessungsgrundlage*) soll die Steuer vernünftigerweise anknüpfen, Will man aber möglichst jedem Einzelfall gerecht werden und gleichzeitig Missbrauchsmöglichkeiten und Gestaltungsspielräume einschränken, wird das Steuerrecht automatisch kompliziert.

Es besteht daher ein grundlegender Konflikt zwischen der Einfachheit eines Steuersystems und der gesellschaftlich erwünschten (Einzelfall-)Gerechtigkeit.

Hinzu kommt: Der Staat muss mit seinem Steuersystem nicht nur Gerechtigkeitsaspekte berücksichtigen.

Der Staat will mit Steuern auch steuern!

Beispielsweise möchte er

- Arbeitnehmer dazu anregen, auch weiter entfernt liegende Jobs anzunehmen, indem er die Fahrtkosten und doppelte Haushaltsführung steuerlich begünstigt.
- durch Besteuerung alkoholischer Getränke und Tabakwaren übermäßigen Konsum von Alkohol und Nikotin bekämpfen.
- den Energieverbrauch auf erneuerbare Energien umlenken, indem er alte Energien über Steuern verteuert und die Erzeugung erneuerbarer Energien fördert

und ... und ... und.

Wer für ein radikal vereinfachtes Steuersystem eintritt, möchte

- **alle Menschen ungeachtet ihrer vielfältigen individuellen Lebensverhältnisse »über einen Kamm scheren«**
- **dem Staat ein wichtiges Steuerinstrument nehmen, mit dem er versucht, das Verhalten der Menschen in gesamtgesellschaftlich erwünschte Bahnen zu lenken.**

Sieht man sich die Vorschläge eines radikal vereinfachten Steuersystems an, erkennt man, welche Folgen seine Einführung hätte und was die eigentlichen Ziele seiner Befürworter sind. In Deutschland ist insbesondere *Paul Kirchhof*, ehemaliger Bundesverfassungsrichter und Professor für Steuerrecht an der Universität Heidelberg, mit derartigen Vorschlägen hervorgetreten. Sie fanden in der Öffentlichkeit große Resonanz, weshalb er auch im Bundestagswahlkampf 2005 kurzfristig in das Kompetenzteam der CDU aufgenommen wurde.

Das *Kirchhof-Modell* sah einen einheitlichen Steuersatz von 25 Prozent bei einem Grundfreibetrag von 8 000 Euro vor [Grundfreibetrag ist der (jährliche) Einkommensbetrag, bis zu dem Einkommen steuerfrei bleiben]. Für Einkommen zwischen 8 000 Euro und 18 000 Euro sollte ein Sozialausgleichsbetrag eingeführt werden, der die Steuerbelastung in diesem Einkommensbereich etwas abflacht, so dass der Steuersatz in diesem Einkommensbereich nur 15 bis 25 Prozent betragen hätte. Gleichzeitig sollten bei allen Einkommensarten – *Kirchhof* wollte sogar die geltenden sieben Einkunftsarten abschaffen und für alle nur noch eine Einkunftsart »Erwerbseinkünfte« einführen – die Steuerbefreiungen und Steuervergünstigungen radikal beschnitten werden. Im Ergebnis sollte also eine Verbreiterung der Bemessungsgrundlage bei gleichzeitiger Verringerung des Steuersatzes stattfinden.

Diesen Vorschlag sowie andere Modelle, die von der CDU/CSU, der FDP und vom Sachverständigenrat zur Begutachtung der gesamtwirtschaftlichen Entwicklung vorgelegt wurden, hat das Deutsche Institut für Wirtschaftsforschung, Berlin (DIW) 2004 im Hinblick auf ihre Aufkommens- und Verteilungswirkungen untersucht (Schaubild 31). Es kam dabei zu folgenden Ergebnissen:

- Die Umsetzung des *Kirchhof-Modells* hätte zu Steuerausfällen von mehr als 26 Mrd. Euro geführt. Es wäre also nicht aufkommensneutral gewesen, sondern hätte eine massive Steuerentlastung zur Folge gehabt.
- Die Steuerentlastungen hätten sich auf die einzelnen Einkommensgruppen sehr ungleichmäßig verteilt. Die unteren und mittleren Einkommen hätten die geringsten Steuerentlastungen bekommen, und zwar sowohl in absoluten als auch in relativen Werten. Am meisten hätten die

Schaubild 31 Verteilungswirkungen des Kirchhof-Modells: Nettoeinkommenszuwachs (= Steuerentlastung) in Prozent des Jahreshaushaltsnettoeinkommens

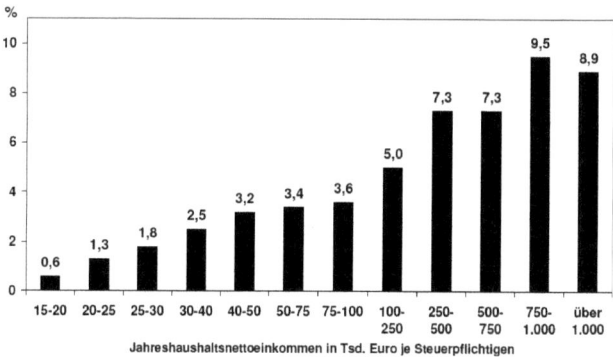

Quelle: DIW-Wochenbericht Nr. 16/15. 4. 2004, S. 194.

obersten Einkommen von dieser Steuervereinfachung profitiert. In absoluten Zahlen: Die Bezieher von Jahreseinkommen zwischen 30 000 und 40 000 Euro brutto hätten im Schnitt 631 Euro im Jahr (2,5 %) oder 52 Euro im Monat weniger Steuern zahlen müssen. Bei den Spitzenverdienern mit einer Million und mehr Euro Jahreseinkommen hätte die Steuerentlastung über 160 000 Euro (8,9 %) oder mehr als 13 000 Euro im Monat betragen.

In einem 2011 veröffentlichten Buch (Bundessteuergesetzbuch: Ein Reformentwurf zur Erneuerung des Steuerrechts, Heidelberg 2011) hat *Paul Kirchhof* einen neuen Versuch unternommen, das Thema »Steuervereinfachung« anzustoßen. Daraufhin hat das Forschungsinstitut zur Zukunft der Arbeit, Bonn (IZA) – ein von der Deutschen Post gefördertes, international renommiertes Institut – mit anderen Methoden als das DIW die Verteilungswirkungen einer Reform der Einkommensteuer nach dem Kirchhof-Modell untersucht (IZA-Standpunkte Nr. 44, Oktober 2011). Unter dem zutreffenden Titel »Einfach ist nicht immer gerecht« kommt das IZA zu ähnlichen Ergebnissen wie sieben Jahre früher das DIW. Die Kernsätze in den Schlussfolgerungen der Wissenschaftler lauten:

»Unsere Simulationsanalysen zeigen allerdings, dass der Kirchhof-Vorschlag politisch kaum durchsetzbar sein dürfte, da von ihm sehr problematische Auswirkungen auf den Staatshaushalt sowie die Verteilung der Einkommen zu erwarten sind ... Der Hauptgrund für dieses Gesamtergebnis liegt in der Kombination von verbreiterter Bemessungsgrundlage und relativ niedrigem Einheitssteuersatz ... Unsere Analyse bestätigt, dass die niedrigeren Steuersätze von 25 % bzw. 28 % vor allem die Mittelschicht belasten und die Ungleichheit steigern ... Die Vorstellung, dass Steuersenkungen selbstfinanzierend sind, weil sie zu mehr Wirtschaftswachstum führen, konnte empirisch bisher nicht belegt werden (...). Steuersenkungen entfalten zwar durchaus positive Konjunkturwirkungen, diese sind aber insbesondere bei der Einkommensteuer zu gering, um eine Selbstfinanzierung zu ermöglichen. Darüber hinaus führen Simulationsstudien zur Bestimmung des optimalen Steuertarifs (unter Berücksichtigung von Verhaltensanpassungen) immer zu einem progressiven Tarifverlauf mit relativ hohen Grenzsteuersätzen (mehr als 60 %) für hohe Einkommen ...« (IZA Standpunkte Nr. 44, S. 15)

Damit sind alle Argumente widerlegt, die für eine Steuervereinfachung ins Feld geführt werden:

- Eine Steuervereinfachung entfaltet zwar positive Konjunkturwirkungen, weil sie wie eine Steuersenkung wirkt. Sie finanziert sich aber nicht selbst. Ergebnis: Massive Steuerausfälle.
- Eine Verbreiterung der Bemessungsgrundlage (Streichung der Steuervergünstigungen) belastet in Verbindung mit

niedrigeren Steuersätzen vor allem die Mittelschicht und steigert die Ungleichheit der Einkommensverteilung.
- Versuche, einen optimalen Steuertarif zu finden, führen immer zu einem progressiven Tarifverlauf (höhere Einkommen werden prozentual stärker belastet als niedrige Einkommen) mit relativ hohen Grenzsteuersätzen von mehr als 60 Prozent.

Die Befürworter eines vereinfachten Steuersystems verfolgen somit eine politische Strategie, die darauf abzielt, unter dem Etikett » mehr Transparenz bei den Steuern « langfristig die staatlichen, vor allem sozialen Ausgaben zu senken und die Einkommensverteilung zugunsten der oberen Einkommensschichten zu verändern.

Auch hier steckt also die Grundsatzposition » Weniger Staat ist besser als mehr Staat « dahinter.

7.1.4 Fazit

Brauchen wir also höhere oder niedrigere Steuern? Und wäre ein einfacheres Steuersystem nicht besser?

Nach den Ausführungen in den vorhergehenden Abschnitten ist es dem Leser möglich nachzuvollziehen, auf welchen Grundsatzpositionen die unterschiedlichen steuerpolitischen Konzepte beruhen, vor allem aber, welche wirtschaftlichen und gesellschaftspolitischen Interessen dahinter stecken. Wer die öffentliche steuerpolitische Diskussion aufmerksam verfolgt, wird feststellen:

- Die Befürworter von Steuersenkungen oder eines vereinfachten Steuersystems sprechen ihre eigentliche Absicht nicht offen aus. Sie behaupten, es ginge ihnen um die Schaffung von mehr Leistungsanreizen – das Stichwort heißt:

Leistung muss sich wieder lohnen – um mehr wirtschaftliches Wachstum und mehr Arbeitsplätze. In Wirklichkeit wollen sie jedoch weniger Staat, geringere Sozialleistungen und eine größere Einkommensungleichheit.
- Die Befürworter von Steuererhöhungen bekennen sich demgegenüber offen zu ihrem eigentlichen Umverteilungsziel, den Reichen etwas zu nehmen und den Armen etwas geben zu wollen. Und sie wollen einen höheren Anteil des Staates am Bruttoinlandsprodukt und eine bessere Infrastruktur. Die ökonomische Begründung, dass damit auch mehr wirtschaftliches Wachstum und mehr Beschäftigung geschaffen werden könnte, tritt dabei eher in den Hintergrund.

Bei vielen Bürgern hängt die Auffassung zum Thema Steuern davon ab, wie sie den Staat wahrnehmen, von welchem Staatsverständnis sie ausgehen und welche Erfahrungen sie mit »dem Staat« gesammelt haben. Der Leser überlege einmal selbst, was er mit »dem Staat« verbindet.

- Denkt er an die Politesse, die ihm einen Strafzettel für unrechtmäßiges Parken unter seinen Scheibenwischer geklemmt hat? Oder an die Geschwindigkeitsübertretung, die ihn 50 Euro gekostet hat? Dann hat er ein Bild vom Staat vor Augen, der vor allem straft und den »kleinen Mann« für jeden kleinen Verstoß zur Kasse bittet.
- Erinnert er sich an den letzten Besuch bei einem Amt, mit langer Wartezeit und dem Ausfüllen zahlreicher umfangreicher Formulare? Dann ist der Staat für ihn eher ein bürokratisches Monster, das den Bürger viel Zeit und Geld kostet, ohne dass so recht ein Nutzen erkennbar ist.

Oder hat er mehr positive Erinnerungen an »den Staat«? Beispielsweise könnte er

- an das schöne Hallenbad in seinem Heimatort denken, in dem er unabhängig vom Wetter viele schöne Stunden verbringt,

oder

- an die vielen Autobahnbrücken, die es ihm ermöglichen, auf dem Weg zu seinem Urlaubsort große Entfernungen mit seinem Auto zügig zurückzulegen.

Kindergärten, Schulen, Universitäten, Spielplätze, Sportstätten, Straßen, Kanäle, Eisenbahntrassen, Flughäfen, Strom- und Gasleitungen, Abwasserkanalisation, Kläranlagen, das und vieles mehr gehört zur Infrastruktur, die der Staat im Rahmen seiner Daseinsvorsorge bereitstellen muss. Ohne sie könnte unsere Gesellschaft nicht funktionieren. Und: Noch nie war die Infrastruktur in Deutschland so weit entwickelt wie heute.

Das bedeutet aber auch: Noch nie musste der Staat so viel Geld aufwenden, um seine Infrastruktur instand zu halten. An allen Gebäuden, Brücken, Straßen, Kanälen, Stromleitungen gehen die Jahre und die mitunter strengen Winter nicht spurlos vorüber. Eigentlich möchten doch alle Straßen ohne Schlaglöcher, Brücken ohne Einsturzgefahr, Gebäude mit freundlichem Anstrich und Stromleitungen, die auch hohe Belastungen aushalten. Aber sind alle bereit, ihren Beitrag zur Finanzierung zu leisten und Steuern zu bezahlen?

Schon im 19. Jahrhundert hat *Adolph Wagner* (1835–1917), einer der bedeutendsten Ökonomen der Bismarck-Ära und damaliger Rektor der heutigen Humboldt-Universität Berlin, das »Gesetz der wachsenden Staatstätigkeit« und daraus abgeleitet das »Gesetz der wachsenden Ausdehnung des Finanzbedarfs« formuliert. Es besagt:

» ... geschichtliche (zeitliche) und räumliche, verschiedene Länder umfassende Vergleiche zeigen, dass bei fortschreitenden Culturvölkern ... regelmäßig eine Ausdehnung der Staatsthätigkeiten und der gesamten öffentlichen, durch die Selbstverwaltungskörper neben dem Staate ausgeführten Tätigkeiten erfolgt.« (Wagner, A., Grundlegung der politischen Oekonomie, 3. Aufl., 1. Theil, Leipzig 1892, S. 893)

Adolph Wagner meinte damit:

- Je weiter entwickelt eine Industriegesellschaft ist (er spricht von fortschreitenden Culturvölkern), desto wichtiger wird die Produktion öffentlicher und meritorischer Güter, d. h. desto mehr muss sich der Staat darum kümmern, dass alle Bevölkerungsschichten an bestimmten grundlegenden Gütern und Dienstleistungen teilhaben und niemand davon ausgeschlossen wird (z. B. Wohnung, Gesundheit, Bildung).
- Je höher das Entwicklungsstadium einer Volkswirtschaft ist, desto mehr muss der Staat steuernd in den Wirtschaftsablauf eingreifen, ihn stabilisieren und die Einkommens- und Vermögensverteilung korrigieren.

Da der Staat dies alles nur gewährleisten kann, wenn er über die nötigen finanziellen Mittel verfügt, wächst der öffentliche Finanzbedarf, mit anderen Worten, wird es notwendig, die Steuern entsprechend anzuheben.

Wer profitiert letzten Endes am meisten von »mehr Staat«, d. h. einer ausreichenden Zahl von Kindergärten, Schulen, Universitäten, von öffentlichen Schwimmbädern und gut gepflegten Parks, von intakten Straßen und Schienen? Es ist doch die übergroße Mehrheit der Bürger, die den Nutzen daraus zieht. Ein Reicher kann seine Kinder in Privatschulen schicken und für viel Geld an Privatuniversitäten studieren lassen. Er kann sich einen eigenen Swimmingpool und einen großen Garten leisten, braucht als keine öffentlichen Schwimmbäder und Parks. Und mit einem eigenen Hubschrauber überfliegt er die Schlaglöcher auf den Straßen und braucht nicht zu fürchten, dass marode Brücken wegen Mangels an öffentlichen Geldern einstürzen.

Gerade breite Bevölkerungsschichten müssten also daran interessiert sein, dass der Staat finanziell ausreichend ausgestattet ist. Und der Leser möge auch mal darüber nachdenken, ob viele ökonomische Theorien, die von »neutralen Wissenschaftlern« vorgetragen werden, letztlich im politischen Kampf nur als Instrumente dienen, um die Interessen einer kleinen Minderheit durchzusetzen.

7.2 Die politische Kontroverse: Unternehmens- und Kapitaleinkommensbesteuerung

Im vorigen Abschnitt hatten wir uns mit den theoretischen Grundlagen einer Steuersenkungs- und -erhöhungspolitik befasst. Trotz der mit Zahlen belegbaren Einwände, die seit langem gegen eine Steuersenkungspolitik und ihre angeblich positiven Wirkungen auf Wachstum und Beschäftigung vorgebracht werden, scheint sich die politische Praxis in den meisten Ländern darüber hinweg gesetzt zu haben. Insbesondere für Deutschland ist zu erklären, warum ausgerechnet eine sozialdemokratisch geführte Bundesregierung, von der man das eigentlich nicht erwartet hätte, 2001 »die größte Steuersenkung in der Geschichte der Bundesrepublik« (Hans Eichel, Bundesfinanzminister 1999–2005) durchgeführt hat.

Dazu müssen wir uns die steuerpolitischen Grundkonzeptionen ansehen, die im Ringen um ein »besseres« Steuersystem miteinander konkurrieren. Anschließend untersuchen wir den internationalen Steuerwettbewerb, den die US-Steuerreform von *Ronald Reagan* seit den achtziger Jahren ausgelöst hat, und klären, was er für die deutsche Steuerpolitik bewirkt hat.

7.2.1 Steuerpolitische Grundkonzeptionen

In der Finanzwissenschaft unterscheidet man drei Arten von Einkommensteuersystemen:

- Die *synthetische Einkommensteuer*. Bei ihr werden alle Einkommen – unabhängig davon, mit welcher Art von wirtschaftlicher Tätigkeit (ob als Landwirt, Handwerker, Gewerbetreibender, Freiberufler oder Arbeitnehmer) sie erzielt werden oder aus welcher Quelle (Arbeit oder Vermögen) sie stammen, in einer einheitlichen Bemessungsgrundlage erfasst und einem einheitlichen Steuertarif unterworfen.
- Die *analytische Einkommensteuer*. Hier werden die Einkommen je nachdem, aus welcher Berufstätigkeit und welcher Quelle sie stammen, unterschiedlich besteuert. Das äußert sich zum einen in unterschiedlichen Freibeträgen für die einzelnen Tätigkeiten, zum anderen in unterschiedlich hohen Werbungskostenpauschalen für einzelne Berufe.

  Auch die Quelle, aus der Einkommen erzielt wird, spielt bei der analytischen Einkommensteuer eine Rolle. So gibt es für Einkommen aus Kapitalvermögen – z. B. Zinsen auf Spareinlagen und für Wertpapiere, Dividenden (= Gewinnausschüttungen) auf Aktien – seit 1.1.2009 eine *Abgeltungssteuer* in Höhe von 25 Prozent auf Kapitalerträge. Obwohl es sich hierbei um Einkommen handelt, werden Kapitalerträge also nicht nach dem Einkommensteuertarif besteuert, sondern durchweg mit 25 Prozent (plus Solidaritätszuschlag), egal ob es sich um 2 000 Euro oder 200 000 Euro jährlich handelt. Für die Kapitalerträge gilt ein Sparer-Pauschbetrag von 801 Euro.
- *Konsumorientierte Einkommensteuer*. Bei dieser Einkommensteuer bleiben alle Einkommensbestandteile unbesteuert, die nicht in den Konsum fließen, sondern gespart

werden. In Deutschland ist dieses Steuerkonzept seit den 2000er Jahren insofern zumindest teilweise verwirklicht, als Einkommensteile, die der Vorsorge dienen, bis zu einer bestimmten Höchstgrenze steuerfrei bleiben, z. B. Krankenkassenbeiträge, Rentenversicherungsbeiträge sowie Einzahlungen auf private Altersvorsorgeverträge (private Rentenversicherungen).

Diese drei Konzeptionen sind theoretische Idealtypen, d. h. es gibt sie in Wirklichkeit nicht in reiner Form. Im deutschen Steuersystem sind – wie wir eben gesehen haben – Elemente der analytischen Einkommensteuer und der konsumorientierten Einkommensteuer zu finden.

Warum setzt die Politik nicht eins zu eins eine von der Fi-

Steuertechnische Begriffe

Freibetrag: Betrag, der vom erzielten Einkommen abgezogen wird, bevor der Steuertarif angelegt wird. Ein Freibetrag mindert also die Bemessungsgrundlage.

Werbungskosten: Ausgaben, die ein Arbeitnehmer tätigen muss, um seinen Beruf ausüben und Einkommen erzielen zu können, also z. B. Fahrtkosten zur Arbeitsstätte, Berufskleidung, Arbeitsmittel. Bei Selbständigen und Freiberuflern spricht man nicht von Werbungskosten, sondern allgemein von Betriebsausgaben.

Lange Zeit gab es unterschiedliche Werbungskostenpauschalen (bei Pauschalen muss man die einzelnen Ausgaben nicht einzeln nachweisen, sondern kann pauschal einen bestimmten Betrag vom Einkommen absetzen) für Arbeitnehmer und für bestimmte freie Berufe wie Journalisten, Artisten und Künstler. Die Pauschalen für freie Berufe wurden 2001 abgeschafft.

nanzwissenschaft entwickelte Steuerkonzeption um? Bei Beantwortung dieser Frage muss man an zweierlei denken:

- Erstens werden mit der Steuerpolitik unterschiedliche Ziele verfolgt. Auf der einen Seite will man mit Hilfe der Steuern Einkommen umverteilen *(Verteilungsziel)*. Auf der anderen Seite sollen Steuern die in Deutschland ansässigen Unternehmen im Vergleich zu Unternehmen mit Sitz in anderen EU-Ländern oder auch außerhalb der EU nicht benachteiligen (Ziel des Erhalts der *Wettbewerbsfähigkeit*).
- Zweitens zahlen nicht nur private Haushalte Steuern auf ihre Einkommen. Auch Unternehmen müssen auf ihre »Einkommen« Steuern zahlen. Unternehmen ist aber nicht gleich Unternehmen. Ein Friseur, ein Schreiner, ein Zahnarzt oder ein Anwalt, sie alle betreiben »ein Unternehmen«. Und doch sind sie nicht vergleichbar mit großen Kapitalgesellschaften wie etwa Siemens, BMW oder BASF. Wo liegen die Unterschiede? Sie liegen in der Rechtsform, in der »das Unternehmen« betrieben wird, und in der Besteuerung, der sie unterliegen.

Nehmen wir zunächst den Friseur. Er macht zur Ermittlung seines zu versteuernden Einkommens eine Einnahmen-Überschuss-Rechnung. Dazu summiert er alle Einnahmen, die er im Laufe des Jahres für seine Dienstleistungen erzielt hat, auf und stellt sie seinen Ausgaben (Miete für den Salon, Strom, Wasser, Kosten für die Einrichtung, Arbeitsmittel usw.) gegenüber. Der Betrag, um den die Einnahmen seine Ausgaben übersteigen, stellt sein Einkommen/seinen Gewinn dar, der Grundlage für seine Einkommensteuer bildet.

Anders bei Siemens. Das Unternehmen hat die Rechtsform einer Aktiengesellschaft. Sie stellt – wie der Friseur – zwar auch Einnahmen und Ausgaben in einer Gewinn- und Verlustrechnung gegenüber. Zu den Ausgaben gehören aber nicht nur die Kosten für den Wareneinsatz, sondern insbesondere auch die Löhne und Gehälter der Beschäftigten einschließlich aller Nebenkosten (z. B. Arbeitgeberanteil an der Sozialversicherung, Zuschüsse zu Fahrtkosten und Kantinenessen usw.). Die Unternehmensleitung, das Management, besteht aus Angestellten, ihre Bezüge sind daher ebenfalls Kosten und werden als Ausgaben von den Einnahmen abgezogen. Nach Abzug all dieser Ausgaben von den Einnahmen verbleibt ein Überschuss, der sog. *Reingewinn* vor Steuern.

Diesen Reingewinn kann eine Aktiengesellschaft zweierlei verwenden: Entweder sie schüttet ihn in Form von Dividenden an die Eigentümer der Aktiengesellschaft, die Aktionäre, aus als Entgelt dafür, dass sie Aktien gekauft (= investiert) und dem Unternehmen dadurch Geld zur Verfügung gestellt haben. Oder sie behält den Gewinn ein und bildet damit Rücklagen für das Unternehmen. In der Realität, wenn die Unternehmen Gewinne erwirtschaften, wird beides geschehen. Ein Teil wird in Form von Dividenden ausgeschüttet, ein anderer Teil verbleibt als unverteilter Gewinn (= Rücklage) im Unternehmen.

Der im Unternehmen verbliebene Gewinn unterliegt der *Körperschaftsteuer*. Der sog. *Thesaurierungssatz* (= Körperschaftsteuersatz auf die nicht ausgeschütteten, sondern im Unternehmen verbliebenen Gewinne) betrug zu Beginn der Bundesrepublik 60 Prozent, lag in den sechziger, siebziger und achtziger Jahren stets über 50 Prozent und wurde erst – in den neunziger Jahren beginnend – über 45, 40 und 25 Prozent auf schließlich 15 Prozent ab dem Jahr 2008 gesenkt *(Schaubild 32)*. Die Körperschaftsteuer gilt für die großen Kapitalgesellschaften, das sind Aktiengesellschaften (AG) und Gesellschaften mit beschränkter Haftung (GmbH), aber auch für Vereine und Stiftungen.

Wir sehen: Das Einkommen eines Großunternehmens wie einer Aktiengesellschaft – die unverteilten Gewinne – unterliegen mit 15 Prozent Körperschaftsteuer einer anderen Besteuerung als die »Gewinne« eines Einzelunternehmens wie

Schaubild 32 Entwicklung des nominalen Körperschaftsteuersatzes (Thesaurierungssatz)

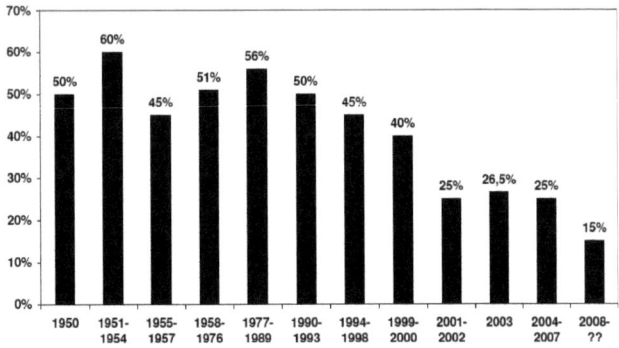

Quelle: BMF, Die Steuerpolitik der Bundesregierung, Berlin 2008. – Reiss, W., Zurück zu den Wurzeln? – Zur Geschichte der Körperschaftsteuer in Deutschland, Köln 2003.

die eines Friseurs. Denn der Friseur muss dafür den höheren Einkommensteuersatz aufbringen. Man spricht deshalb auch von einem *dualen Steuersystem.*

Warum waren der hohe Körperschaftsteuersatz in den fünfziger, sechziger und siebziger Jahren offenbar kein Problem? Und warum wurde er offensichtlich ab den achtziger Jahren zum Problem, auf das die Politik mit einer drastischen Senkung in Stufen auf jetzt 15 Prozent (2012) reagiert hat? Und warum dieses duale Steuersystem? Dazu im nächsten Unterabschnitt mehr.

7.2.2 Wirkungen des internationalen Steuerwettbewerbs auf die deutsche Steuerpolitik

Noch 1977 konnte die sozial-liberale Bundesregierung unter Bundeskanzler *Helmut Schmidt (SPD)* von sich behaupten, mit der Körperschaftsteuerreform 1977 ein vorbildliches Steuersystem geschaffen zu haben. Doch als die Reagan-Administration in den USA und auch die konservative britische Regierung unter *Margret Thatcher* Mitte der achtziger Jahr mit ihrer Politik der Steuersenkung auf breiter Front begannen, geriet auch die deutsche Steuerpolitik in den Sog eines allgemeinen Wettbewerbsdrucks auf die tariflichen Steuersätze. Um das zu verstehen, müssen wir die Handlungsspielräume aufzeigen, die Großunternehmen in einer Weltwirtschaft mit freiem Waren-, Dienstleistungs- und Kapitalverkehr offen stehen. Wir stützen uns dabei auf den Politikwissenschaftler *Steffen Ganghof,* Universität Potsdam, der die Zusammenhänge in seinem 2004 veröffentlichen Werk »Wer regiert in der Steuerpolitik? Einkommensteuerreform zwischen internationalem Wettbewerb und nationalen Verteilungskonflikten« hervorragend dargestellt hat.

Die Handlungsmöglichkeiten der Unternehmen sind:

Gewinnverlagerung. Unternehmen, die in mehreren Ländern Produktionsstätten und Verwaltungen unterhalten, man nennt sie *multinationale Unternehmen,* können Gewinne von Hoch- in Niedrigsteuerländer verschieben und somit den Unternehmenssteuern ausweichen. Das geschieht über interne Verrechnungspreise. Kein international agierendes Unternehmen stellt heute ein Produkt nur aus Einzelteilen her, die alle aus einem Land stammen. Vielmehr werden zahlreiche Teile von Tochter- und/oder Mutterunternehmen bezogen, die ihren Sitz im Ausland haben. Für diesen Einkauf von Teilen müssen Preise angesetzt werden, die sog. Transfer- oder Verrechnungspreise. Hohe Einkaufspreise schmälern den Gewinn im Inland und damit die Steuerlast, niedrige Einkaufspreise steigern den Gewinn im Inland und erhöhen die Steuerlast. So ist es leicht möglich, Gewinne in Ländern anfallen zu lassen, wo sie am geringsten besteuert werden, und in Hochsteuerländern nur geringe Gewinne oder gar »Verluste« auszuweisen.

Standortverlagerung. Eine weitere Ausweichreaktion multinationaler Unternehmen besteht darin, neue Produktionsstätten in Ländern zu errichten, in denen die Steuerlast niedrig ist. Dem sind zwar insofern Grenzen gesetzt, als Produktion nicht an beliebigen Standorten der Welt stattfinden kann. Denn nicht nur die nötige Infrastruktur (Energieversorgung, Abfallentsorgung, Verkehrsanbindung) muss vorhanden sein, auch ausreichend Arbeitskräfte mit der nötigen Qualifikation muss es in der betreffenden Region geben. Auch wird nicht so ohne Weiteres ein ganzes Werk mit seinen Hallen und Maschinen abgerissen und an einem anderen Ort neu aufgebaut. Hier wären die Abrisskosten und die Wiederaufbaukosten gegeneinander abzuwägen.

Verlagerung von Erweiterungsinvestitionen. Für ein wachsendes multinationales Unternehmen stellt sich die Frage Abriss und Neuaufbau nicht. Wohl aber kann es entscheiden, in welchem Land es seine Produktionskapazitäten ausbaut, d. h. neue, zusätzliche Investitionen tätigt, und in welchem Land Produktionskapazitäten langsam abgebaut werden bis zur endgültigen Stilllegung.

Bei all diesen unternehmerischen Entscheidungen spielen die Unternehmensteuersätze, weniger Steuervergünstigungen eine Rolle. Denn steuerliche Abzugsmöglichkeiten nutzen Unternehmen, die hohe Investitionen tätigen und dementsprechend hohe Gewinne brauchen, um sie zu amortisieren (= wieder »einzuspielen«) wenig, wenn trotz allem ein hoher Steuersatz zu großer steuerlicher Belastung führt.

Schauen wir jetzt einmal auf *Schaubild 33*. Es zeigt: Der Spitzensteuersatz bei der Einkommensteuer lag im Durchschnitt der wichtigsten 21 OECD-Länder 1975 noch bei knapp 70 Prozent, bei der Unternehmensteuer bei rund 50 Prozent.

1986 senkte die britische Regierung ihren Körperschaftsteuersatz von 50 auf 35 Prozent, die USA folgten 1987 mit einer Senkung von 46 auf 34 Prozent. Diesem Druck auf die Steuersätze konnte sich langfristig aus Wettbewerbsgründen kein größeres Industrieland entziehen. Das deutsche Bundesfinanzministerium beobachtete damals die internationale Entwicklung zwar mit Besorgnis. Im Zuge der großen, dreistufigen Steuerreform 1986/88/90 der Kohl-Regierung – Bundesfinanzminister war *Gerhard Stoltenberg (CDU)* – wurde der

Schaubild 33
Trends in der Einkommens- und Unternehmensbesteuerung
- Ungewichtete Durchschnitte von 21 OECD-Ländern -

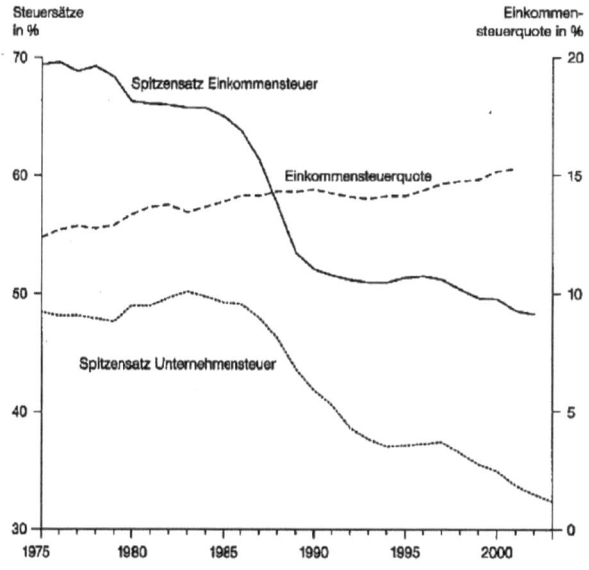

Quelle: Ganghof, S., Wer regiert in der Steuerpolitik? Einkommensteuerreform zwischen internationalem Wettbewerb und nationalen Verteilungskonflikten, Frankfurt/Main 2004, S. 29.

Körperschaftsteuersatz aber nur auf 50 Prozent gesenkt. Die Gefahr schrumpfender internationaler Wettbewerbsfähigkeit der deutschen Wirtschaft war damit jedoch nicht gebannt. Im Rahmen des *Standortsicherungsgesetzes 1994* erfolgte unter Bundesfinanzminister *Theo Waigel (CSU)* eine neuerliche Senkung des Körperschaftsteuersatzes auf 45 Prozent. Auch das verschaffte nur eine Verschnaufpause. Der Verlauf der durchschnittlichen Körperschaftssteuersatz-Kurve der wichtigsten OECD-Länder in *Schaubild 33* zeigt: im Durchschnitt lag der Körperschaftsteuersatz in den neunziger Jahren bereits unter 40 Prozent. Deutschland hinkte dieser internationalen Entwicklung eindeutig hinterher.

Die in einer weiteren großen Steuerreform angepeilte Senkung auf 35 Prozent gelang in den letzten Jahren der Kohl-Ära nicht mehr. Da sich im Bundesrat die Mehrheiten geändert hatten, blockierte die SPD-Opposition das Steuerpaket. Auch ein Kompromiss kam vor der Bundestagswahl 1998 nicht mehr zustande. Ende der der neunziger Jahre war der Wettbewerbsdruck dann so groß geworden, dass auch die rotgrüne Bundesregierung unter *Gerhard Schröder (SPD)* nicht umhin konnte, den Körperschaftsteuersatz weiter zu senken, zunächst auf 40 Prozent (1999), dann auf 25 Prozent (2001) und schließlich auf 15 Prozent (2005).

In der politischen und wissenschaftlichen Diskussion dieser Jahre kam die Frage auf, ob der internationale Steuerwettbewerb die Industriegesellschaften zwinge, auf eine Besteuerung der Unternehmen gänzlich zu verzichten. Man sprach von einem »Race to the Bottom« (= Wettlauf bis zum Boden), der drohe, die finanzielle Basis der demokratischen Wohlfahrtsstaaten auszuhöhlen.

Ein Blick auf *Schaubild 34* belehrt jedoch eines Besseren. Das Aufkommen aus der Körperschaftsteuer war auch bei höheren Steuersätzen relativ gering. Es betrug 1970 nur 1,8 Prozent des Bruttoinlandsprodukts. Selbst beim Satz von 56 Prozent im Jahr 1980 lag der Anteil – gemessen am Brut-

Schaubild 34 Entwicklung des Körperschaftsteueraufkommens 1970-2010

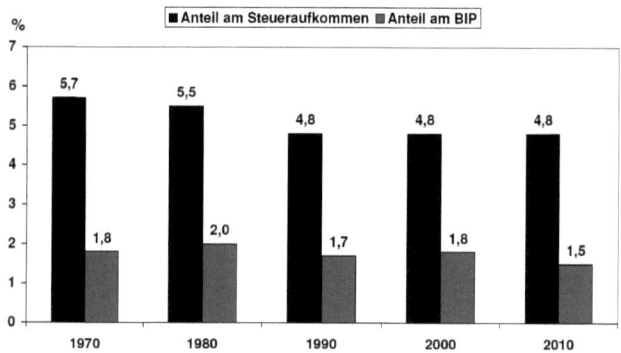

Quelle: OECD Revenue Statistics

toinlandsprodukt – nur bei 2,0 Prozent. Ein Rückgang des Körperschaftsteueranteils in den folgenden dreißig Jahren bis 2010 ist zwar feststellbar. Von einem »Race to the Bottom« kann aber keine Rede sein. Immerhin beträgt der Rückgang nur 0,5 Prozentpunkte. Das lässt sich mit der zeitgleich erfolgten Verbreiterung der Bemessungsgrundlage erklären. Mit der Senkung des Körperschaftsteuersatzes wurden zahlreiche Abzugsmöglichkeiten und Steuervergünstigungen für Unternehmen gestrichen, so dass ihre tatsächliche Steuerbelastung der Unternehmen zwar optisch, aber nicht tatsächlich gesunken ist.

Absolut betrachtet sind die Einnahmen aus der Körperschaftsteuer sogar gestiegen *(Schaubild 35)*. Sie zeigen zwar Ausschläge nach unten, was mit der jeweiligen Konjunkturlage zusammenhängt. Krisen führen stets zu einem Rückgang der Körperschaftsteuereinnahmen. Auch reagieren die Einnahmen aus der Körperschaftsteuer seit der Verbreiterung der Bemessungsgrundlage sehr viel sensibler auf Konjunktur-

Schaubild 35 Einnahmen aus der Körperschaftsteuer Kassenmäßige Steuereinnahmen in Mrd. Euro (ab 1991 einschl. neue Bundesländer)

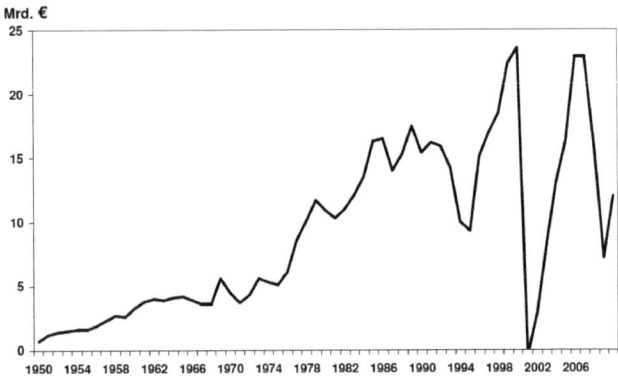

Quelle: BMF

schwankungen als früher. Das zeigte sich insbesondere in den Krisenjahren 2001 und 2009. Für 2012 werden die Einnahmen aus der Körperschaftsteuer aber bereits wieder auf über 18 Mrd. Euro geschätzt.

Die Senkung des Körperschaftsteuersatzes hatte allerdings Rückwirkungen auf das gesamte Steuersystem. Solange die Gewinne der großen Aktiengesellschaften mit 56 oder 50 Prozent Körperschaftsteuer belegt wurden, war es kein Problem, die kleinen Gewerbetreibenden und die Selbständigen mit einem etwa gleich hohen Einkommensteuersatz zu besteuern. Sobald jedoch der Körperschaftsteuersatz wesentlich unter den Einkommensteuersatz gesenkt wird, entsteht eine ungleiche Besteuerung unternehmerischer Einkünfte je nach Rechtsform des Unternehmens. Folglich zog die Senkung des Körperschaftsteuersatzes auch eine heftige politische Auseinandersetzung über die Senkung des Einkommensteuersatzes nach sich. Besonders umstritten war dabei, wie weit der Einkommensteuersatz über dem Körperschaftsteuersatz liegen durfte, ohne dass gegen das sog. Gebot der *Rechtsformneutralität* verstoßen würde. (Rechtsformneutralität: Kapitalgesellschaften wie AG oder GmbH sollen wie Personengesellschaften wie z. B. Einzelunternehmen und Personengesellschaften besteuert werden).

An dieser Stelle verschmelzen die Positionen von Anhängern einer allgemeinen Steuersenkung, die wir in den Abschnitten 7.1.1 und 7.1.3 behandelt haben, mit der Position von Befürwortern einer *Flat Tax* (= Steuer mit niedrigem Satz). Letztere forderten mit Rücksicht auf den internationalen Steuerwettbewerb (und weniger wegen der angeblich Konjunktur belebenden Wirkung oder wegen des Ziels der Steuervereinfachung) einen einheitlichen, niedrigen Steuersatz von 25 Prozent auf alle Einkommensarten.

Dem Druck auf den Körperschaftsteuersatz konnten sich auch die Gegner eines niedrigeren Steuersatzes kaum entziehen. Andererseits wollten sie jedoch nicht auch noch den Einkommensteuersatz auf die Hälfte oder noch mehr senken. Denn der Einkommensteuer unterliegen im oberen Bereich viele Personen mit sehr hohen Einkommen – Manager, leitende Angestellte, Ärzte, Anwälte, Stars aus Sport und Showbereich – von denen nicht anzunehmen ist, dass sie reihenweise Deutschland verlassen und ihren Wohnsitz etwa in Rumänien nehmen, nur um der hohen Einkommensteuer in Deutschland auszuweichen. So entstand das Modell einer *dualen Einkommensteuer* mit einem progressiven Steuersatz bei der Einkommensteuer für natürliche Personen und einem einheitlichen, niedrigen Steuersatz bei der Körperschaftsteuer. Allerdings konnte – auch mit Blick darauf, dass das Bundesverfassungsgericht eine zu große Spreizung von Einkommen- und Körperschaftsteuersatz als Verstoß gegen die Rechtsformneutralität werten und für verfassungswidrig erklären könnte – auch der Spitzensteuersatz nicht mehr bei

56 Prozent belassen werden, sondern wurde auf 42 Prozent gesenkt.

Ein weiteres Problem bestand bei der Besteuerung der Einkommen aus Kapitalvermögen, also der Zinsen und Dividenden. Hier reichen die Einkommen von 2,47 Euro Zinsen auf ein Sparguthaben über mehrere Tausend Euro jährlicher Zinsen aus Festgeldanlagen, festverzinslichen Wertpapieren und Aktien von älteren Mittelschicht-Haushalten bis hin zu fünf- und sechsstelligen jährlichen Zinserträgen der »oberen Zehntausend«. Einerseits wollte die Politik die Bagatellzinsen und die Vermögenseinkünfte derjenigen, die sich lebenslang ein kleines, bescheidenes Vermögen aufgebaut haben, nicht übermäßig besteuern. Andererseits sollten aber auch die »oberen Zehntausend« mit ihrer offensichtlichen guten steuerlichen Leistungsfähigkeit angemessen an der Finanzierung der staatlichen Leistungen beteiligt werden.

Der Kompromiss, der hier bis auf Weiteres gefunden wurde, besteht in der seit 1. Januar 2009 zu zahlenden *Abgeltungsteuer* in Höhe von 25 Prozent zuzüglich Solidaritätszuschlag. Der Sparerfreibetrag beläuft sich pro Person auf 801 Euro (Stand: 1.1.2013). Abgeltungsteuer bedeutet: Damit ist die Steuerschuld auf alle Vermögenseinkünfte abgegolten. Selbst wer noch andere Einkommen erzielt, selbst wenn es Millionen sein sollten, braucht für seine Vermögenseinkünfte nur 25 Prozent Steuern zu bezahlen. Damit erhoffte sich der Bundesfinanzminister der zweiten großen Koalition, *Peer Steinbrück (SPD)*, das Anlegen größerer Beträge im Ausland, insbesondere in der Schweiz, verhindern zu können und vielleicht sogar zu erreichen, dass manche Gelder wieder nach Deutschland zurückfließen, bei inländischen Kreditinstituten angelegt und ordnungsgemäß versteuert werden.

Aus all diesen Gründen gibt es in Deutschland im Moment für die Besteuerung der Einkommen drei verschiedene Sätze: den progressiven Einkommensteuertarif, die Abgeltungssteuer von 25 Prozent für Kapitaleinkommen und die Körperschaftsteuer für Kapitalgesellschaften von 15 Prozent. Dieses System wird als *differenzierte Steuer* bezeichnet. Sie kann als Ergebnis des internationalen Steuerwettbewerbs auf das deutsche Steuersystem angesehen werden.

Der Steuerwettbewerb – dies sei abschließend noch angemerkt – existiert nicht nur im Verhältnis zu den USA, sondern auch zwischen den EU-Ländern. Denn die EU hat bisher nur einen Mindestsatz für die Mehrwertsteuer in Höhe von 15 Prozent festgelegt. Eine einheitliche Besteuerung der Unternehmensgewinne wäre zwar wünschenswert, kann aber wohl erst im Zuge einer politisch gewollten größeren Harmonisierung der Finanzpolitik der EU-Länder vereinbart werden.

Ferner sollte der Leser nicht außer Acht lassen: Ohne Liberalisierung und Deregulierung der Finanzmärkte (= Befreiung der Geld- und Kapitalströme von staatlichen Begrenzungen und Kontrollen) wäre auch der Steuerwettbewerb nicht denkbar. Das Dilemma, in dem sich die deutsche Steuerpolitik, aber auch die der anderen Länder befinden, ist also nicht vom Himmel gefallen. Es ist Ergebnis politischer Entscheidungen, die in anderen Ländern (USA und Großbritannien) von demokratisch gewählten Regierungen getroffen worden sind.

7.3 Die Steuerstruktur in Deutschland

Abschließend soll noch ein Blick auf die Steuerstruktur in Deutschland, verstanden vor allem als Verhältnis zwischen direkten und indirekten Steuern, geworfen werden. Dies geschieht aus folgendem Grund: Indirekte Steuern beeinträchtigen die Wettbewerbsfähigkeit eines Landes in sehr viel geringerem Umfang als direkte Steuern. Das ist leicht nachvollziehbar: Indirekte Steuern verteuern die Produkte nur im Inland. Sobald sie exportiert werden, entfällt die Mehrwert-

Schaubild 36 Steueraufkommen nach Steuergruppen 1950–2010

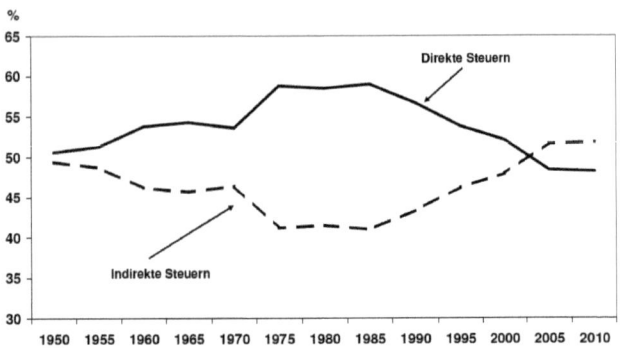

Quelle: BMF-Monatsbericht 2/2013, S. 102/103.

steuer, und es gilt die Mehrwertsteuer des importierenden Landes. Waren aus Ländern mit sehr hoher Mehrwertsteuer verbilligen sich also, wenn sie im Ausland verkauft werden.

Schaubild 36 zeigt die langfristige Entwicklung des Anteils der direkten und der indirekten Steuern am Steueraufkommen. Wir sehen: In Deutschland haben die direkten Steuern von Beginn der Bundesrepublik an bis in die 2000er Jahre einen höheren Anteil am Steueraufkommen als die indirekten Steuern. In den siebziger und achtziger Jahren näherte sich der Anteil der direkten Steuern sogar der 60-Prozent-Marke. Die Entwicklung kehrt sich erst in den neunziger Jahren um, als Deutschland zunehmend in den Sog des internationalen Steuerwettbewerbs geriet. Erst mit der deutlichen Erhöhung der Mehrwertsteuer nach der Bundestagswahl 2005 liegen die indirekten Steuern erstmals im Aufkommen über den direkten Steuern. Auch hier hat der internationale Steuerwettbewerb seine Spuren hinterlassen. Der von ihm ausgehende Zwang zur Senkung der Einkommen- und Körperschaftsteuersätze machte zum Ausgleich Erhöhungen bei den indirekten Steuern erforderlich, um zu verhindern, dass die Staatseinnahmen einbrachen.

Dies mögen manche bedauern, die gerade die indirekten Steuern für unsozial halten. Doch

- erstens ist das sehr differenziert zu sehen, wie wir in Kapitel 6.3.2 gezeigt haben;
- zweitens ließe sich die Mehrwertsteuer auch anders gestalten, indem man beispielsweise den Katalog der Waren, für die ein ermäßigter Mehrwertsteuersatz gilt, überprüft, weitere Waren in diesen Katalog aufnimmt und dafür andere herausnimmt;
- drittens könnte man auch daran denken, einen dritten (höheren) Mehrwertsteuersatz auf Luxusgüter einzuführen, um die oberen Einkommensschichten höher zu belasten. Allerdings ist eine Steuer auf den Luxuskonsum bei den Steuerfachleuten sehr umstritten, weil der administrative Aufwand relativ hoch und die Einnahmen – gemessen am Gesamtsteueraufkommen – relativ gering sind. Verteilungspolitisch wäre eine Vermögensteuer, eine Vermögensabgabe und eine Verschärfung der Erbschaftsteuer eine bessere Lösung, um die Besteuerung der Wohlhabenden zu erhöhen.

Als Nächstes wollen wir einen internationalen Vergleich der Einnahmenstruktur anstellen, indem wir Einkommensteuerquote, Sozialabgabenquote und Mehrwertsteuerquote verschiedener Länder einander gegenüber stellen *(Schaubild 37)*. Noch einmal zur Erinnerung: Die Quoten drücken den Anteil der Einkommensteuereinnahmen, der Sozialabgaben und der Mehrwertsteuereinnahmen am jeweiligen Bruttoinlandsprodukt aus. Mit Hilfe dieser Quoten lässt sich sehr schön zeigen, auf welche Einnahmequelle sich die Staaten stützen, d. h. wie sich die einzelnen Typen von Industrieländern finanzieren.

Schaubild 37 Finanzierungsstruktur moderner Industriegesellschaften 2010

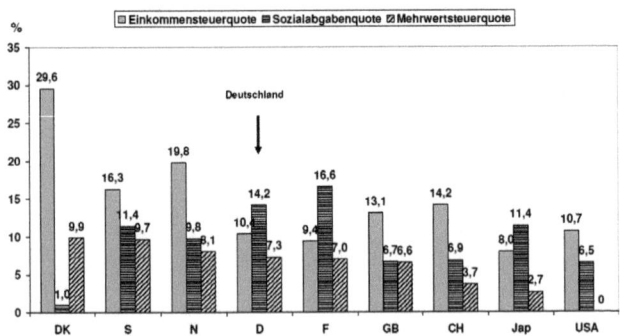

Quelle: OECD Revenue Statistics

In *Schaubild 37* fällt auf:

- Die skandinavischen Staaten Dänemark, Schweden und Norwegen (DK, S und N) haben die höchsten Einkommensteuerquoten. Insbesondere Dänemark sticht mit einer Einkommensteuerquote von 29,6 Prozent hervor. Man kann sagen: Dänemark finanziert seinen Wohlfahrtsstaat zu einem hohen Anteil mit Steuern. Besonderheit Dänemarks: Das Land hat keine Großindustrie, sondern ist mittelständisch geprägt. Es steht daher weniger unter dem Druck des internationalen Steuerwettbewerbs, sondern kann sich hohe Einkommensteuern »leisten«, weil es keine multinationalen Konzerne gibt, die mit Abwanderung drohen.
- Deutschland (D) und Frankreich (F) haben mit 14,2 bzw. 16,6 Prozent die höchsten Sozialabgabenquoten. Das ist typisch für Länder, die ihren Wohlfahrtsstaat zu einem großen Teil über Sozialabgaben, d. h. Arbeitnehmer- und

Arbeitgeberbeiträgen auf die Lohneinkommen, finanzieren. Selbst die skandinavischen Wohlfahrtsstaaten erreichen keine so hohe Sozialabgabenquote, weil sie einen Großteil der Sozialleistungen über Steuern finanzieren.
- Dafür haben Deutschland und Frankreich eine niedrigere Mehrwertsteuerquote als die skandinavischen Länder.
- Großbritannien (GB), die Schweiz (CH), Japan und die USA haben durchweg niedrigere Steuer- und Sozialabgabenquoten als die skandinavischen Länder und auch als Deutschland und Frankreich. Hier erkennt man einen anderen Typ des Wohlfahrtsstaates, wobei Großbritannien und die Schweiz im Vergleich zu Japan und den USA noch höhere Steuerquoten aufweisen, weil sie ebenfalls Sozialleistungen z. T. aus den Steuereinnahmen finanzieren.
- Die Mehrwertsteuerquote der USA ist mit Null angegeben. Sie fällt in den USA in die Zuständigkeit der Einzelstaaten und ist daher von Staat zu Staat unterschiedlich hoch. Eine Quote wird in der OECD-Statistik nicht ausgewiesen.

Aus dieser Perspektive erscheint die Mehrwertsteuererhöhung in Deutschland von zuletzt 16 auf 19 Prozent in einem anderen Licht. Ein Land wie Deutschland, das stark dem internationalen Steuerwettbewerb ausgesetzt ist und wegen seiner exportorientierten Wirtschaft auf seine Wettbewerbsfähigkeit achten muss, gleichwohl aber einen ausgebauten Wohlfahrtsstaat unterhalten will, kann nur sehr begrenzt und vor allem nicht im Alleingang – ohne Rücksicht auf die Steuerbelastung in den wichtigsten Handelspartnerländern – die Einkommensteuer und die Sozialabgaben erhöhen. Es muss zu einer stärkeren Finanzierung des Wohlfahrtsstaates über indirekte Steuern übergehen. Dadurch erodiert zwar nicht der Sozialstaat an sich, wohl aber das Modell eines paritätisch aus Beiträgen von Arbeitgebern und Arbeitnehmern finanziertes Sozialversicherungssystem.

Abschließend seien noch die Ergebnisse einer 2013 von der OECD veröffentlichten Studie zur Entwicklung des Anteils des Unternehmensteueraufkommens am Bruttoinlandsprodukt vorgestellt (OECD, 2013). Die OECD stellt darin fest:

Das Unternehmensteuer-Aufkommen ist zwar seit 1965 leicht gestiegen. Angesichts der in vielen Ländern gewachsenen Anteile der Unternehmensgewinne am Sozialprodukt wäre allerdings ein deutlich stärkerer Anstieg zu erwarten gewesen. Die Ursache dafür ist nach Ansicht der OECD-Experten in der Steuervermeidung multinationaler Unternehmen zu suchen.

Multinationale Konzerne nutzen die zwischen den Ländern häufig bestehenden Doppelbesteuerungsabkommen, indem sie sich in einem Land unter Hinweis auf dieses Abkommen von der Steuer freistellen lassen, obwohl sie in dem anderen

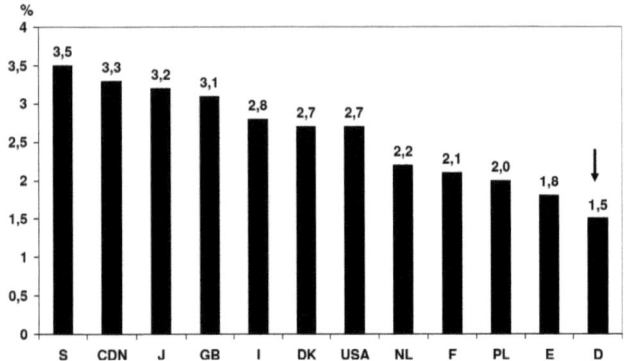

Schaubild 38 Unternehmensteuern im internationalen Vergleich: Anteil der Unternehmensteuern am Bruttoinlandsprodukt in Prozent 2010

Quelle: OECD, Addressing Base Erosion and Profit Shifting, Paris 2013, S. 60.

Land gar keine Steuern gezahlt haben. Im Ergebnis läuft das auf eine doppelte Nicht-Besteuerung hinaus.

Auch systematische Unterschiede im Steuerrecht nutzen sie zu ihrem eigenen Vorteil: die Geldströme im Konzern werden so geleitet, dass der Absender die Zahlungen von der Steuer absetzen kann und der Empfänger in einem anderen Land sie in einer Form erhält, auf die entweder gar keine oder nur eine niedrige Pauschalsteuer entfällt. Mitunter werden in weiteren Ländern Zweckgesellschaften gegründet, um die Geldströme über diese Gesellschaften zu lenken und die Möglichkeiten verschiedener Steuersysteme auszuschöpfen. (Hans-Böckler-Stiftung 2013)

Das Ergebnis dieser geschickten Steuervermeidungsstrategie der multinationalen Konzerne lässt sich aus *Schaubild 38* ablesen. Deutschland liegt mittlerweile im Unternehmensteueraufkommen mit einem Anteil von nur 1,5 Prozent sogar noch hinter den USA, Japan, Großbritannien und Frankreich. Zu Recht kam deshalb der Politikwissenschaftler *Uwe Wagschal* in einer umfangreichen Analyse der Steuerpolitik und der Steuerreformen im internationalen Vergleich bereits 2005 zu der Schlussfolgerung:

»Deutschland ist nicht das Paradebeispiel eines Hochsteuerlandes.« (Wagschal 2005, S. 79)

Damit haben wir hinreichende Kenntnisse gewonnen, um aktuelle steuerpolitische Kontroversen besser verstehen und einordnen zu können. Im letzten Kapitel wollen wir die steuerpolitischen Konflikte noch einmal zusammenfassend darstellen.

8 Steuerpolitik – ein ewiger Zankapfel

Wer sich zum ersten Mal mit der Steuerpolitik auseinander setzt, läuft leicht Gefahr zu resignieren. »Das ist ja ein ewiges Hick-Hack« ist die oft zu hörende frustrierte Feststellung. Den steuerpolitischen Willensbildungsprozess als ewiges Hick-Hack zu bezeichnen, mag zwar nicht ganz unberechtigt sein. Zumindest erscheint es dem Außenstehenden, der von der Materie völlig unbeleckt ist, so, als hätten die politischen Entscheidungsträger ihre Freude daran, dem politischen Gegner Knüppel zwischen die Beine zu werfen und immer wieder neue Vorschläge auf den Tisch zu legen, statt sich zu einigen, und zwar auf ein »einfaches und gerechtes Steuersystem«.

Warum das unmöglich ist und Steuerpolitik ein ewiger Zankapfel bleiben wird, erklärt dieses Abschlusskapitel.

8.1 Kann es ein gerechtes Steuersystem geben?

Die Frage, ob es ein einfaches und transparentes Steuersystem geben kann, haben wir bereits an anderer Stelle dieses Buches diskutiert (siehe Kapitel 7.1.3) und negativ beantwortet. Ein schlichtes und überschaubares Steuersystem würde alle über einen Kamm scheren und der Vielfalt des wirtschaftlichen und sozialen Lebens nicht gerecht. Doch wächst mit der Kompliziertheit eines Steuersystems auch dessen Gerechtigkeit?

Was ist überhaupt gerecht? Kann es darauf *die eine Antwort* geben wie in der Mathematik auf die Frage: Wie groß ist eine Fläche, die 10 Meter lang und 8 Meter breit ist? Auf die mathematische Frage gibt es nur eine richtige Antwort. Wer dagegen über Gerechtigkeit diskutiert, wird viele unterschiedliche Antworten erhalten. Und je länger er sich mit anderen darüber austauscht und je mehr Personen er fragt, desto vielfältiger werden die Antworten ausfallen. Und er wird feststellen: Es lässt sich keine Einigkeit erzielen, weil andere von ihrer Position so überzeugt sind wie man selbst von der eigenen.

Gerade das aber ist das charakteristische Merkmal einer pluralistischen Gesellschaft. Was »richtig« oder »gerecht« ist, wird nicht von oben verordnet. Kein Führer, kein Zentralkomitee, kein Papst legt fest, wann die Menschen glücklich zu sein und einen Zustand als gerecht zu empfinden haben. Stattdessen wird in einer Demokratie ständig darüber diskutiert, ob Bestehendes erhalten oder verändert werden soll, ob das, was ist, hinreichend akzeptabel ist oder von zu vielen als veränderungsbedürftig angesehen wird.

Es würde zu weit führen, in einem steuerpolitischen Grundlagenlehrbuch eine philosophische Gerechtigkeitsdebatte auszubreiten. Theologische, philosophische und sozialwissenschaftliche Bände über dieses Thema füllen ganze Bibliotheksregale. Es seien jedoch die drei Kernelemente des Begriffs soziale Gerechtigkeit aufgezeigt:

- *Leistungsgerechtigkeit.* Dieses Verständnis geht davon aus, dass die Menschen verschieden sind. Deshalb leisten sie auch nicht Gleiches, sondern Unterschiedliches. Die unterschiedliche Leistung präge sich in unterschiedlich hohen Einkommen aus. Um Leistungsanreize nicht zu beseitigen,

dürfe die Steuerpolitik das wirtschaftliche Ergebnis nur sehr begrenzt, am besten gar nicht nivellieren.
- *Bedarfsgerechtigkeit.* Dieses Verständnis bestreitet zwar nicht, dass die Menschen verschieden sind und deshalb auch unterschiedlich leisten. Sie fordern aber, dass jeder, weil er *Mensch* ist, einen Anspruch darauf hat, mit einer Reihe von Gütern und Dienstleistungen versorgt zu sein, die man dem Grundbedarf zurechnet. Dieser Grundbedarf, das Existenzminimum, wird in jedem Land unterschiedlich definiert. In entwickelten Industriegesellschaften werden viele technische Dinge zum *sozialen Existenzminimum* gezählt, über die in früheren Jahrhunderten nicht einmal die Könige verfügten: fließendes Wasser und Strom in der Wohnung, Fernsehgerät und Waschmaschine, Zeitung, Theaterbesuch. Es versteht sich von selbst: Gerade das, was man »zum menschenwürdigen Leben braucht«, ist ausgesprochen strittig. Aus der Bedarfsgerechtigkeit folgt steuerpolitisch die Forderung nach Umverteilung der Einkommen von Reich zu Arm und die kostenlose Bereitstellung vieler öffentlicher und meritorischer Güter durch den Staat.
- *Chancengerechtigkeit.* Dieses Konzept setzt am Beginn eines menschlichen Lebens an und geht von der unbestrittenen wissenschaftlichen Erkenntnis aus, dass Menschen, die in unterschiedlichen sozialen Verhältnissen geboren werden, auch unterschiedliche Entwicklungschancen in der Gesellschaft haben. Für die Steuerpolitik folgt daraus die Aufgabe, dem Staat die notwendige finanzielle Ausstattung zu verschaffen. Sie soll ihn in die Lage versetzen, die ungleiche Chancenverteilung durch Bereitstellung hochwertiger, aber kostenloser meritorischer Güter (Bildung, Gesundheit) zu mildern oder zu beseitigen. Insbesondere geht es um die Vermittlung der Fähigkeit, selbstbestimmt am wirtschaftlichen, gesellschaftlichen und kulturellen Leben teilnehmen zu können.

Zu diesen drei grundlegenden Elementen »sozialer Gerechtigkeit« kommen zwei weitere Aspekte hinzu, die bei den Grundelementen berücksichtigt werden sollten:

- *Generationengerechtigkeit.* Die lebenden Generationen sollten nicht zu Lasten nachfolgender Generationen leben, d. h. sie sollten weder die natürlichen Ressourcen so ausbeuten, dass für nachfolgende Generationen nichts mehr übrig bleibt, noch die Umwelt so schädigen, dass ein menschengerechtes Leben auf der Erde nicht mehr möglich ist.
- *Geschlechtergerechtigkeit.* Bei dieser Form von Gerechtigkeit handelt es sich um eine Querschnittsaufgabe, auf die bei allen grundlegenden Gerechtigkeitselementen zu achten ist.

Es ist leicht einsehbar: Wie diese unterschiedlichen Gerechtigkeitsziele konkret verwirklicht werden sollen, wird stets Gegenstand politischer und gesellschaftlicher Auseinandersetzung sein. Das gilt umso mehr, als zwischen Leistungsgerechtigkeit und Bedarfsgerechtigkeit ein Zielkonflikt besteht: Je näher man der Leistungsgerechtigkeit kommt, desto geringer wird die Bedarfsgerechtigkeit und umgekehrt. Chancengerechtigkeit scheint dagegen der kleinste gemeinsame Nenner zu sein, auf den sich alle gesellschaftspolitischen Richtungen noch am ehesten zumindest als Ziel verständigen können. Aber schon der Weg dahin ist schon wieder strittig.

Ein »gerechtes Steuersystem« wird es also nicht geben können. Steuerpolitik wird stets Gegenstand öffentlichen Streits sein.

8.2 Die ökonomischen und politischen Machtinteressen in der Steuerpolitik

Am Eingang des Berliner Hauses, in dem der Bund der Steuerzahler seine Büros hat, befindet sich die Schuldenuhr. Sie erscheint auch auf der Homepage dieses Interessenverbandes. Unablässig »tickt« diese Uhr und zeigt an, wie hoch der Stand der Staatsschulden im Moment gerade ist. Da es sich bei der Staatsschuld um eine Summe handelt, die das Vorstellungsvermögen eines »normal sterblichen Menschen« übersteigt – 2012 waren es rund 2 000 Mrd. Euro – und die Uhr obendrein schnell »tickt«, löst das beim Betrachter ungute Gefühle um nicht zu sagen Angst aus. Kann der Staat diese Schulden jemals zurückzahlen? Und was passiert, wenn nicht?

Dem haben einzelne Gewerkschaften kürzlich die Vermögensuhr gegenüber gestellt. Sie zeigt an, wie hoch die Privatvermögen in Deutschland sind, wie schnell sie bei normaler Verzinsung wachsen und wie hoch die Staatsschulden im Vergleich dazu sind. Während die Nettoprivatvermögen einen Wert von über 9 640 Mrd. Euro erreichen, betragen die Staatsschulden im Vergleich dazu »nur« 2 087 Mrd. Euro (Stand: Februar 2013).

Wir wollen uns hier nicht mit der Problematik der Staatsverschuldung auseinander setzen. Für unser Thema Steuerpolitik lässt sich an diesen Beispielen gut zeigen, welch unterschiedliche Schlussfolgerungen man aus dem gleichen Tatbestand ziehen kann.

Für den Bund der Steuerzahler besteht die Lösung nicht in höheren Steuern, um damit die Schulden nach und nach zu tilgen. Er schlägt Ausgabenkürzungen vor – möchte also letzten Endes eine niedrigere Staatsquote, d. h. weniger Staat. Für die Gewerkschaften sieht die Lösung anders aus: Sie möchten – vereinfacht ausgedrückt – eine höhere Besteuerung der Vermögenden und keine Kürzung der staatlichen Ausgaben, vor allem nicht bei den Sozialausgaben.

Schon sind wir wieder bei den unterschiedlichen Auffassungen, was mit der Steuerpolitik erreicht werden soll:

- mehr »soziale Gerechtigkeit« durch höhere Steuern für Wohlhabende oder mehr Motivation durch Steuerentlastung für »Leistungsträger«,
- mehr oder weniger Staat und damit mehr Lenkung oder mehr Markt,
- Einzelfallgerechtigkeit und komplexes oder Flat Tax für alle und einfaches Steuersystem
- Standortsicherung entweder durch duales bzw. differenziertes Steuersystem oder durch einheitliche Besteuerung aller Einkommensarten.

In *Schaubild 39* sind die unterschiedlichen Ziele und die damit verbundenen Konflikte noch einmal übersichtlich gegenüber gestellt. Grundsätzlich sind die auf der linken Seite stehenden Ziele mehr der politischen Mitte-Links-Richtung zuzuordnen, während sich mit den rechts stehenden eher die Mitte-Rechts orientierten politischen Kräfte identifizieren. Wieder handelt es sich um eine idealtypische Betrachtung. Innerhalb

Schaubild 39 Zielkonflikte in der Steuerpolitik

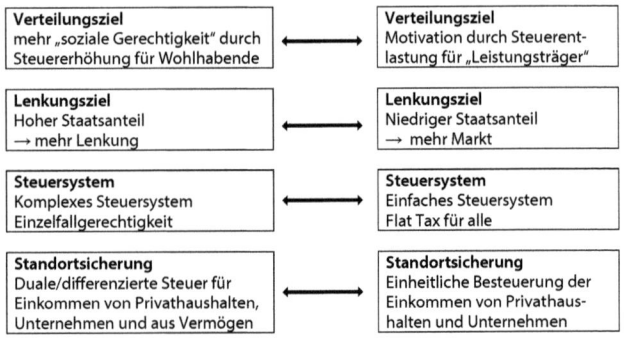

der politischen Parteien vermischen sich die Ziele mitunter, was zum einen damit zusammenhängt, dass es insbesondere in den großen Parteien unterschiedlich ausgerichtete Flügel gibt, zum anderen damit, dass durch den Zwang zum politischen Kompromiss die Grenzen mitunter verschwimmen.

Trotzdem bietet *Schaubild 38* eine gute Orientierungshilfe und zeigt zugleich, wie kompliziert die Materie ist. Und es rückt wieder stärker ins Bewusstsein, dass bei aller Kompromisssuche auch und gerade in der Steuerpolitik letztlich die alten ordnungspolitischen Leitbilder miteinander ringen. Mehr Markt oder mehr Lenkung, mehr Staat oder weniger Staat, das ist der traditionelle politische Konflikt zwischen Liberalen und Sozialdemokraten.

Es geht darum, ob die Regierung oder die freie Wirtschaft mehr Einfluss auf die Gestaltung der Gesellschaft hat.

Wie dieser Konflikt gelöst wird, entscheiden die politischen Mehrheitsverhältnisse in einem Land, die sich aus Wahlen ergeben. Damit sind wir schon beim nächsten Punkt: Wer regiert in der Steuerpolitik?

8.3 Wer regiert in der Steuerpolitik?

Der Politikwissenschaftler *Steffen Ganghof* hat sich in seinem bereits zitierten Werk genau dieser Frage gewidmet. Auch wir können versuchen, nach dem, was wir in diesem Buch gelernt haben, eine Antwort zu geben.

Das politische System der Bundesrepublik Deutschland ist einerseits durch eine Dominanz der CDU/CSU im Bundestag gekennzeichnet. Nur in den Jahren von 1972 bis 1976 und von 1998 bis 2002 stellte die SPD die stärkste Fraktion im Deutschen Bundestag. Von 2002 bis 2005 waren CDU/CSU und SPD gleich stark vertreten.

Wichtig sind daneben aber auch die Kräfteverhältnisse im Bundesrat. Denn durch den Finanzausgleich zwischen Bund, Ländern und Gemeinden und die Mischfinanzierung – manche Projekte werden von Bund Ländern gemeinsam finanziert – bestimmt der Bundesrat über fast alle Steuergesetze mit. Da der Bundesrat insbesondere seit den siebziger Jahren häufig eine gegenläufige Mehrheit zu der im Bundestag aufweist, regiert in der deutschen Steuerpolitik de-facto weder das bürgerliche noch das rot-grüne Lager. In der Steuerpolitik regiert vielmehr fast immer eine Allparteienkoalition.

Dies schlägt sich in der praktischen Steuerpolitik deutlich nieder. Weder das eine noch das andere Lager ist mit dem Steuersystem zufrieden. Fast jede Regierung ist mit dem Versprechen angetreten, das komplizierte Steuersystem zu vereinfachen, dabei jedoch aber gescheitert. Auch haben die meisten Regierungen ein »gerechteres Steuersystem« versprochen, dabei aber unter »sozialer Gerechtigkeit« jeweils Unterschiedliches verstanden. Und da fast immer das andere politische Lager über den Bundesrat mit am Verhandlungstisch sitzt, konnte nie ein Durchbruch in die eine oder andere Richtung erzielt werden.

So blieb das deutsche Steuersystem ein *hybrides Steuersystem* (hybrid = gemischt, aus verschiedenen Vorstellungen kommend). In der Sache stellt das kein so großes Problem dar, werden damit doch die verschiedenen Ziele von Markt und Lenkung sowie von »sozialer Gerechtigkeit« einigermaßen ausgeglichen und unter einen Hut gebracht. Nur für die Politik ist es schwierig, den Bürgern die stets notwendigen Kompromisse in der Steuerpolitik zu vermitteln und Enttäuschungen ihrer jeweiligen Anhänger zu vermeiden. Wachsende Politikverdrossenheit ist die Folge.

Der Steuerwettbewerb hat obendrein den politischen Handlungsspielraum jeder Regierung, egal ob Mitte-Rechts oder Mitte-Links, stark eingeschränkt. Doch wäre es falsch, hier von unveränderbaren Sachzwängen zu sprechen. Der

Steuerwettbewerb ist Ergebnis freier Märkte bei gleichzeitig stark unterschiedlichen Steuersystemen. Die dringend notwendige Harmonisierung der Steuersysteme zumindest in der EU steht zwar auf der politischen Agenda, kommt aber nur langsam voran. Auf EU-Ebene treffen natürlich ebenso wie im nationalen Rahmen unterschiedliche steuerpolitische Konzepte aufeinander, nationale Eigeninteressen treten hinzu. Ist es schon in *einem* Land schwierig, zu einer Lösung zu finden, so ist erst recht zwischen Staaten nicht einfach, auf einen gemeinsamen Nenner zu kommen. Das gilt vor allem dann, wenn die maßgebenden Regierungen der großen EU-Staaten parteipolitisch unterschiedlich ausgerichtet sind, weil dann die Wahrscheinlichkeit divergierender steuerpolitischer Grundkonzepte größer ist, als wenn sie aus der gleichen Parteienfamilie kommen.

Der Leser, der sich bis hier »durchgekämpft« hat, wird jetzt vieles in der Steuerpolitik besser verstehen. Und auch, wenn er über seiner nächsten Steuererklärung schwitzt, wird ihm klar sein: Die vielen Formulare und die umfangreichen Regelungen sind nicht deshalb entstanden, weil die Politiker ihre Bürger ärgern wollen und nicht imstande sind, ein einfacheres und gerechteres Steuersystem zu schaffen. Sie sind vielmehr Ergebnis jahrzehntelanger Kompromissfindungsprozesse, aber – gerade in jüngerer Zeit – auch Folge weltwirtschaftlicher Einflüsse.

Die Steuerpolitik wird also ein ständiger Zankapfel bleiben.

Quellenverzeichnis

Adam, H. (2009), Bausteine der Wirtschaft, 15. Aufl., Wiesbaden

Bach, S./Haan, P./Rudolph, H.-J./Steiner, V. (2004), Reformkonzepte zur Einkommens- und Ertragsbesteuerung: Erhebliche Aufkommens- und Verteilungswirkungen, aber relativ geringe Effekte auf das Arbeitsangebot, in: DIW-Wochenbericht Nr. 16/2004, S. 185–204.

Bajohr, S. (2007), Grundriss Staatliche Finanzpolitik. Eine praktische Einführung, 2. Aufl., Wiesbaden.

BMF (2008), Die Steuerpolitik der Bundesregierung, Berlin

BMF (2011 a), Die Bundeszollverwaltung, Jahresstatistik 2010, Berlin

BMF (2012 a), Im Profil – Das Bundesministerium der Finanzen, Berlin

BMF (2012 b), Bund/Länder Finanzbeziehungen auf der Grundlage der Finanzverfassung, Berlin

BMF (2012 c), Vermögensrechnung des Bundes für das Haushaltsjahr 2011, Berlin

Brenke, K./Wagner, G. G., Ungleiche Verteilung der Einkommen bremst das Wirtschaftswachstum, in: Wirtschaftsdienst, Heft 2/2013

Bund der Steuerzahler, Homepage, http://www.steuerzahler.de/Home/1692b637/index.html

Europäische Kommission (2009), Die Finanzverfassung der Europäischen Union, 4. Ausgabe, Luxemburg

Ganghof, S. (2004), Wer regiert in der Steuerpolitik? Einkommensteuerreform zwischen internationalem Verteilungskonflikt und nationalen Verteilungskonflikten, Frankfurt/Main

Haavelmo, , T. (1945), Multiplier Effects of an Balanced Budget, in: Econometrica, Bd. 13, 1945, S. 311 ff.

Hans-Böckler-Stiftung (2013), Die Steuertricks der Großkonzerne, in: Böcklerimpuls 4/2013, S. 6

Kirchhof, P. (2011), Bundessteuergesetzbuch: Ein Reformentwurf zur Erneuerung des Steuerrechts, Heidelberg

Klär, E./Slacalek, J. (2006), Entwicklung der Sparquote in Deutschland – Hindernis für die Erhöhung der Konsumnachfrage, in: DIW-Wochenbericht Nr. 40/2006, S. 537–543.

Laffer, A. B. (2004), The Laffer Curve: Past, Present, and Future, in: Backgrounder Nr. 1765, Washington 2004

Laum, B. (1952), Geschichte der öffentlichen Finanzwirtschaft im Altertum und Frühmittelalter, in: Handbuch der Finanzwissenschaft, 2. Aufl., Bd. 1, Tübingen 1952, zitiert nach: Schmölders, G., Allgemeine Steuerlehre, 5. Aufl., Berlin 1980, S. 15 f.

Löffler, M./Peichl, A./Pestel, N./Schneider, H./Siegloch, S. (2011), Einfach ist nicht immer gerecht: Eine Mikrosimulationsstudie der Kirchhof-Reform für die Einkommensteuer, Bonn (IZA Standpunkte Nr. 44)

OECD (2011), Divided we stand: Why Inequality keeps rising, Paris

OECD (2013), Addressing Base Erosion and Profit Shifting, Paris

OECD Revenue Statistics

Reiss, W. (2003), Zurück zu den Wurzeln? – Zur Geschichte der Körperschaftsteuer in Deutschland, in: Akademie für Steuer- und Wirtschaftsrecht des Steuerberater-Verbandes Köln GmbH (Hrsg.), 50 Jahre Steuerreformen in Deutschland, Köln

Schmidt, M. G./Zohlnhöfer, R. (2006), Rahmenbedingungen politischer Willensbildung in der Bundesrepublik Deutschland seit 1949, in: dies. (Hrsg.), Regieren in der Bundesrepublik Deutschland. Innen- und Außenpolitik seit 1949, Wiesbaden

Schmölders, G. (1980), Allgemeine Steuerlehre, 5. Aufl., Berlin

Statistisches Bundesamt (2012), Statistisches Jahrbuch. Deutschland und Internationales, Wiesbaden

SWR Stuttgart, Die Vermögensuhr läuft auf Hochtouren, http://www.swr.de/nachrichten/bw/-/id=1622/nid=1622/did=11061018/17bydi9/index.html (Aufruf: 3. 3. 2013, 18:00 Uhr)

Trabandt, M./Uhlig, H. (2010), How far are we from the Slippery Slope? The Laffer Curve revisited, Frankfurt/Main (Working Paper Series der Europäischen Zentralbank No 1174/April 2010)

Wagner, A. (1892), Grundlegung der politischen Oekonomie, 3. Aufl., 1. Theil, Leipzig

Wagschal, U. (2005), Steuerpolitik und Steuerreformen im internationalen Vergleich, Münster

Zimmermann, H. (2009), Kommunalfinanzen. Eine Einführung in die finanzwissenschaftliche Analyse der kommunalen Finanzwirtschaft, 2. überarbeitete Auflage, Berlin

Namens- und Sachregister

A

Abfallbeseitigung 26
Abgeltungsteuer 33, 53. 55, 60, 62, 66, 114, 182
Abwasser 25 ff., 167
Adenauer, K. 42
Aktiengesellschaft 38, 113, 172 f., 180
Allokation (der Produktionsfaktoren) 110 f.
Altersvorsorgeverträge 171
Altschulden 93
Ansporn 117, 124 f.
Arbeitgeber 17, 43, 45, 55, 114, 135 f., 173, 187
Arbeitnehmer 17, 42 ff., 55, 81, 114, 134,146, 161, 170 f., 186 f.
Arbeitsbedingungen 21
Arbeitskreis Steuerschätzung 74
Arbeitslosenversicherung 35, 43, 45 ff., 134
Ausgaben, kassenmäßige ~ 84 f.

B

Baden-Württemberg 50, 60 f.
BaFin 53
Bagatellsteuern 39
Bahn 27, 84, 167
Bayern 50, 60 f.
Bedarfsgerechtigkeit 193 f.
Beihilfeleistungen 87
Beiträge 24 f., 35, 43 ff., 47 f., 62, 80, 87, 98, 135 f., 171, 187
Beitragsbemessungsgrenze 134 f.
Bemessungsgrundlage 35, 142 f., 160, 162, 164, 170 f., 179
Benzin 17 f.
Besitzsteuer 36
Besteuerung nach der Leistungsfähigkeit 128
Biersteuer 37, 116, 123
Bildung 21, 23, 77, 88, 90, 102 ff., 105, 157, 168, 193
Brandt, W. 47
Branntweinsteuer 37
Bruttoinlandsprodukt 40 f., 46 f., 59, 61, 74, 92, 94 ff., 145, 148, 158, 166, 178, 185, 188

Bruttopreis 115 ff., 130
Büchereien 26
Budgetrecht 71
Bund der Steuerzahler 195, 202
Bundesanstalt für Post und Telekommunikation 53
Bundesbank 24, 27, 74
Bundesergänzungszuweisungen 63 f.
Bundesfinanzbehörde 50
Bundesfinanzministerium 50, 74, 84, 126 f., 177
Bundeshaushaltsplan 72
Bundeskanzleramt 73
Bundesnetzagentur 93
Bundespräsidialamt 73
Bundesrat 31, 56, 59, 63, 65 ff., 73, 75 f., 106, 129, 178, 198
Bundessteuern 38, 54 56 f.
Bundestag 31, 56, 59, 63, 65 ff., 72 f., 75 f., 83, 106, 127, 129, 197 ff.
Bundesverfassungsgericht 106 f., 181
Bundeszollverwaltung 29
Bündnis 90/DIE GRÜNEN 66, 126

C

CDU/CSU 42 f., 48, 66 f., 127, 142, 162, 177, 197
Ceteris-Paribus-Klausel 157
Chancengerechtigkeit 193 f.
Chefgespräche 75

D

Dänemark 95, 186
DDR 48, 92, 97, 188
Demografische Entwicklung 43, 48
Demokratie 21 f., 71, 192
Deregulierung (der Finanzmärkte) 139, 183

Deutsches Institut für Wirtschaftsforschung (DIW) 162 ff.
Drittländer 28
Durchschnittsteuersatz 128, 143

E

Eichel, H. 148, 169
Eigenverantwortung 104
Einkommensteuer, analytische ~ 170 f.
Einkommensteuer, konsumorientierte ~ 170 f.
Einkommensteuer, synthetische ~ 170
Einkommensteuerquote 185 f.
Einkommensteuerrechner des BMF 128
Einkommenswirkungen 117
Energiesteuer 32, 34, 37, 54, 129, 133
Erbschaftsteuer 37 f., 54, 59, 117, 185
Ergänzungsanteile 62
ERP-Sondervermögen 84
Erweiterungsinvestitionen, Verlagerung von ~ 176
Erwerbstätige 43, 159
EU-Kommission 52, 95
EU-Länder 28, 172, 183
Eurofighter 73
Europäische Steuern 38
Europäische Zentralbank (EZB) 147
Existenzminimum 128 f., 193

F

FDP 43, 47, 66 f., 162
Feuerschutzsteuer 31, 37
Finanzamt 41, 49 f., 55, 114 f., 124, 130, 140
Finanzausgleich 53 ff., 60 ff., 198
Finanzausschuss 75

Finanzbehörde 49 f., 74
Finanzdienstleistungsaufsicht 53
Finanzieller Sektor 79
Finanzierungshilfen 83 f.
Finanzmärkte 139, 183
Finanzmonopol 50, 52, 66
Finanzplan 63, 83, 85
Finanzpolitik 111, 183
Finanzsenator 49
Finanzstatistik 41 f., 71
Finanzwissenschaft 22, 36, 114, 116, 121, 140, 170
Finanzwissenschaftliches Forschungsinstitut an der Universität Köln (FiFo) 131, 134
Finnland 95
Flat Tax 181, 196
Forschungsinstitut zur Zukunft der Arbeit (IZA) 163
Fortschritt, medizinischer ~ 44
Frankreich 95, 151, 186 ff.
Free rider 21
Freiberufler 25, 170 f.
Freibetrag 35, 58, 162, 170 f., 182
Fremdenverkehrsabgabe 25, 27
Friedhof 26

G

Ganghof, S. 175, 177, 197
Gas 25, 27, 34, 167
Gebietskörperschaften 27 f., 57, 59, 62 f., 65, 70, 84, 96 ff.
Gebühren 23 ff., 26 f., 65
Gegenleistung, staatliche 22, 99
Geldkreislauf 78 f.
Gemeinde(n) 20, 25, 27 f., 36, 38 f., 53, 56 ff., 64 ff., 71, 78, 84 ff., 87, 93, 96, 198
Gemeindesteuern 38, 53 ff.
Gemeinschaft 18 f.
Gemeinschaftsaufgabe »Verbesserung der Agrarstruktur und des Küstenschutzes« 110
Gemeinschaftsaufgabe »Verbesserung der regionalen Wirtschaftsstruktur« 109
Gemeinschaftsprojekte 20
Gemeinschaftsteuern 38, 53 f., 55 f., 59 f., 62
Gemeinwesen 19 f., 102
Generationengerechtigkeit 194
Gerichtsbarkeit 101
Gesamthaushaltsplan 76
Geschlechtergerechtigkeit 194
Gesetz der wachsenden Ausdehnung des Finanzbedarfs 167 f.
Gesetz der wachsenden Staatstätigkeit 167
Gesetzgebung, konkurrierende ~ 66
Gesundheit 21, 23, 77, 90, 102 ff., 168, 193
Gewerbebetrieb 33, 58, 109
Gewerbeertrag 58
Gewerbekapital 58
Gewerbeertragsteuer 37
Gewerbesteuer 54, 56 ff.
Gewerbetreibende 25, 118, 170, 180
Gewerkschaften 21, 195
Gewinnabführung 27
Gewinnverlagerung 175
GmbH 38, 55, 113, 173, 181
Gold- und Devisenbestände 27
Großbritannien 183, 187, 189
Grunderwerbsteuer 37, 54, 66
Grundfreibetrag 162
Grundgesetz 50, 52, 63, 65, 70, 77, 103 ff., 150
Grundsteuer 37, 54, 59
Grundstückseigentümer 25

Güter, meritorische 21, 23 f., 99, 168, 193
Güter, Misch- 21 ff.
Güter, öffentliche 21

H
Haavelmo, T. M. 152
Haavelmo-Theorem 152, 155 ff.
Hartz IV 73, 130, 159
Hauptbuch (der Nation) 72
Haushaltsausschuss 75
Haushaltsplan 71 ff., 84
Hebesatz 58
Hessen 50, 60 f.
Hochbau 82 f.
Holland 117
Hundesteuer 38

I
Impfung 21, 23
Infrastruktur 80, 90, 109, 111, 158, 166 f., 176
Interesse 19, 64 f., 67, 76, 100, 102, 165, 169, 195, 199
Internationaler Währungsfonds 80
Investitionen, öffentliche ~ 80, 82 f., 86
Investitionshilfeurteil 106
Inzidenz 116 f., 124 f.

J
Japan 96, 187, 189

K
Kaffeesteuer 31, 37, 117
Kapitalertragsteuer 37
Kapitalisierung 117, 123 f.
Kapitalverkehr 140, 175
Kapitalvermögen 33, 55, 170, 182
Kinderfreibetrag 35
Kindertagesstätte 24, 26, 86
Kirchensteuer 37 f.

Kirchhof, P. 161 ff.
Kohl, H. 43, 48, 67, 177 f.
Kollektivgüter 21, 99
Kommunalpolitiker 65
Kommunen 86
Konflikt 22, 100, 160, 175, 189, 194, 196 f.
Konsumausgaben 82, 88, 153
Konsumquote 153, 155
Konzessionsabgabe 24, 27
Kopfsteuer 159 f.
Körperschaftsteuer 35, 37, 53, 55 ff., 60, 66, 173 ff., 177 ff., 184
Kosten 25, 73, 77, 92, 124, 160 f., 172
Kostendeckungsgrad 25 f.
Kostenerhöhung 123
KPD-Verbotsurteil 107
Kraftfahrzeugsteuer 37, 50, 133
Krankenversicherung 23, 35, 42 ff., 86, 94, 134
Kredit 24, 28, 79, 89, 91
Kurtaxe 27

L
Laffer, A. B. 144 ff.
Laffer-Kurve 144 ff.
Laffer-Theorem 144 ff., 149 f. 151
Lafontaine, Oskar 67
Lähmung 117, 124 f.
Land- und Forstwirtschaft 33, 58
Länderfinanzministerium 49
Landesamt 50
Landessteuern 38
Laum, B. 19 f.
Lebenserwartung 44
Lebensverhältnisse, Einheitlichkeit der ~ 63, 109 f., 161
Leistungsgerechtigkeit 192, 194
Liberalisierung (der Finanzmärkte) 183
Linke, Die 66

Löhne 21, 42, 80 f., 122 f., 173
Lohnsummensteuer 58

M

Maastricht-Vertrag 148
Markt- und Preiswirkungen 117, 124
Maut 21, 23
Mehrwertsteuer 32 f., 49, 59, 115, 117 ff., 121, 129 ff., 133, 148, 183 ff.
Mehrwertsteuerquote 187
Mehrwertsteuersatz, ermäßigter ~ 130, 185
Menschenbild 102 ff.
Merkel, A. 48, 67, 142
Militär 21, 82 f., 101, 105, 148
Mittelbehörde 49
Monopol der physischen Gewaltanwendung 101
Müllabfuhr 24 f.
Museen 26
Musikschulen 26

N

Nachfrage, elastische ~ 121 f.
Nachfrage, unelastische ~ 120 ff.
Nachtwächterstaat 101, 104, 107
NATO 80
Natur (des Menschen) 101
Nettopreis 115, 118 ff.
Nettoprivatvermögen 195
Nicht selbständige Arbeit 33
Niedersachen 50, 60 f.
Non-Affektationsprinzip 77
Nordrhein-Westfalen 50, 60 f.

O

Oberfinanzdirektion 50
Objektsteuern 38
OECD 151 ff., 176 ff., 186 ff.
Öffentlicher Dienst 78, 82, 86 f., 94
Ökonometrie 148

Ölkrise 47 f.
Opposition 67, 69, 72, 75, 178
Österreich 117

P

Parlament 22, 31, 59, 65, 71, 73, 77, 139
Parlamentarischer Rat 103
Partei(en) 21, 65, 67, 69, 72, 197 f.
Pauschalabgeltung 28
Pensionen 88
Personalkosten (öffentlicher Dienst) 82, 86
Pflegeversicherung 43, 45 f., 97, 108
Politikverflechtung 70
Polizei 20 f., 78, 81, 100 f., 105
Privatisierung 27
Progression, kalte ~ 141
progressiv 132 f., 137, 150, 164 f., 181 f.
Psychological Breaking Point 140

Q

Quellenabzugsverfahren 114
Quellensteuer 114

R

Race to the Bottom 178
Reagan, R. 144, 148, 169, 175
Rechtsformneutralität 181
regressiv 133, 135
Reichensteuer 127, 142
Reisepass 24
Rennwett- und Lotteriesteuer 37
Rente, dynamische 42
Rentenbezieher 43
Rentenversicherung 33, 44 ff., 171
Rentner 44, 159
Ressortprinzip 73

Rettungsdienst 26
Rheinisch-Westfälisches Institut für Wirtschaftsforschung (RWI) 131, 134
Rheinland-Pfalz 50, 60 f.
Rot-Grüne-Bundesregierung 48, 66 f., 142 f., 148, 178, 198

S
Saarland 50, 60 f.
Sachinvestitionen 82 f.
Sachsen 50, 61
Sachsen-Anhalt 50, 61
Sachverständigenrat zur Begutachtung der gesamtwirtschaftlichen Entwicklung 74, 162
Schaumweinsteuer 37
Schmidt, H. 47, 175
Schmölders, G. 22, 116, 140
Schröder, G. 48, 67, 142, 178
Schulden 72, 88, 90 ff., 146 f., 150, 154, 195
Schweden 95, 102, 186
Schweiz 182, 187
Sektor, öffentlicher 22
Selbständige Arbeit 58
Selbstfinanzierungseffekt 145, 147, 150
Signalwirkungen 117
Solidaritätszuschlag 32, 35, 37, 77, 114, 127, 129, 170, 182
Solidarprinzip 104 f.
Sonderabgaben 24 f., 27
Sondervermögen 83 f.
Sozialabgaben(quote) 24, 28, 42 ff., 80, 98, 134 f., 137, 185 ff.
Sozialgesetzbuch 108
Soziallasten 48
Sozialleistungen 78 ff., 86, 88, 98, 108, 113, 150, 166, 187
Sozialpolitik 47 f., 108, 110
Sozialstaatsprinzip 106 f.

Sozialversicherung 27 f., 43 f., 45, 47, 78 f., 82 ff., 92 f., 96 ff., 108, 134 f., 173, 187
Sparquote 153 ff.
SPD 47 f., 66 f., 127, 142, 148, 175, 178, 182, 197
Spielbankenabgabe 37
Spitzensteuersatz 127, 129, 141 ff., 176, 181
Staatsaufgabe 100, 102, 105 f.
Staatsverbrauch 78 f., 81 ff.
Staatsverschuldung 88, 148, 150, 195
Stabilisierung (der Wirtschaft) 110 f.
Stabilitätsgesetz 109 f.
Stadtentwicklung 90
Stadtstaaten 49
Standortverlagerung 176
Steuer, differenzierte ~ 183, 196
Steueramortisation 124
Steueraufkommen 31 f., 38 ff., 56 f., 62 f., 74, 126, 131 f., 144, 159, 179, 184 f., 188 f.
Steuerausweichung 116 f.
Steuerbescheid 41
Steuerdestinatar 115
Steuererhöhung 139, 141, 149, 152, 155, 157 f., 166, 187, 196
Steuererklärung 41, 199
Steuerkraft 62
Steuerkumulierung 33
Steuerlastverteilung 126 ff.
Steuerlehre 113 f., 116 f., 125
Steuermessbetrag 58
Steuermesszahl 58
Steuern, direkte 183
Steuern, indirekte 36, 38, 132 ff., 137, 183 f.
Steuerquote 39 f., 41 f., 46 ff., 98, 185 ff.
Steuerreform 39, 67, 141, 169, 175, 177 f., 189

Steuerrückwälzung 117, 123
Steuersatzsenkung 145 ff., 150
Steuerschuldner 114 f.
Steuersenkung 39, 67, 141 ff., 147 ff., 164 f., 169, 175, 181
Steuerstatistik 41, 126
Steuerstruktur 183 ff.
Steuersystem 57, 114, 145, 158 ff., 165, 169 ff., 174 f., 180, 183, 189, 191 ff., 194, 196, 198 f.
Steuersystem, hybrides 198
Steuerträger 38, 115
Steuerüberwälzung 117 f., 121
Steuervereinfachung 163 f., 181
Steuervergünstigung 162, 164, 176, 179
Steuervorwälzung 122
Steuerzahler 22, 35, 38, 114 f., 134, 159, 195
Stoltenberg, G. 177
Straßen 23, 25, 27, 77, 80 f., 113, 167 ff.
Straßenreinigung 26
Strom 25, 27, 167, 172, 193
Stromsteuer 37
Subjektsteuern 38
Substitution 116 f.
Subventionen 28, 79 ff., 88
Subventionsbericht 88

T

Tabaksteuer 32, 34, 37, 54
Tarifverhandlung 86
Thatcher, M. 175
Theater 26, 122, 193
Thesaurierungssatz 173 f.
Thüringen 50, 61
Tiefbau 82 f.
Top-Verdiener 137
Trabandt, M. 147, 149
Transferleistungen 28, 88, 130, 157

Treuhand(anstalt) 92 f.
Trittbrettfahrer 21 f.

U

Überwälzung, schräge ~ 117, 123
Uhlig, H. 147, 149
Umsatzsteuer 32 f., 37 f., 50, 54 ff., 59 ff., 66, 115, 118 f., 122, 129, 131 f., 134
UMTS-Lizenzen 93
Umverteilung 62, 111, 166, 193
USA 95 f., 143 f., 147 f., 149, 151 f., 175, 177, 183, 187, 189

V

Verantwortlichkeit, Prinzip der gesellschaftlichen ~ 104 f.
Verantwortlichkeit, Prinzip der individuellen ~ 104 f.
Veräußerungserträge 53, 55, 60
Veräußerungsgeschäfte 33
Verbrauchsteuer 33 f., 36 f., 50, 52, 130
Verbundsystem 57
Verkehrsteuer 35 ff., 50
Vermietung und Verpachtung 33
Vermittlungsausschuss 76
Versicherungsteuer 32, 35, 37
Verteilerschlüssel 59
Verteilungskampf 124
Verteilungswirkung 111, 162 f.
Vermögenseinkommen 28, 114
Volkshochschulen 26
Volkswirtschaftliche Gesamtrechnung 41, 93
Volkswirtschaftslehre 22
Vorsteuer 33

W

Wagner, A. 167 f.
Wagschal, U. 189
Wahrnehmungsphase 116 ff.

Wasser 25 ff., 116, 123, 172, 193
Werbungskosten 170 f.
Wettbewerbsfähigkeit 109, 172, 178, 183, 187
Wiedervereinigung 39, 46 ff., 64, 92, 94, 96 f.
Wirtschafts- und Sozialordnung 103, 106
Wirtschaftskraft 40, 59 f.
Wirtschaftskreislauf 77, 80, 155
Wirtschaftsminister 64
Wirtschaftswachstum 57, 88, 109 f., 147, 164

Wohlfahrtsstaat 23 f., 97, 104, 129, 178, 186 f.

Z

Zahlungsphase 116 ff.
Zinserträge 182
Zölle 24, 28 f., 36 f., 50, 54, 66
Zündwarenmonopol 52
Zuschüsse, staatliche ~ 25
Zwangsabgabe 22, 99
Zwangsmaßnahmen 22
Zwillingsteuer 117
Zwischenerzeugnissteuer 37

MIX
Papier aus verantwortungsvollen Quellen
Paper from responsible sources
FSC® C105338

If you have any concerns about our products,
you can contact us on
ProductSafety@springernature.com

In case Publisher is established outside the EU,
the EU authorized representative is:
**Springer Nature Customer Service Center GmbH
Europaplatz 3, 69115 Heidelberg, Germany**

Printed by Libri Plureos GmbH
in Hamburg, Germany